JN419528

시가 나를 지켜주었다

시가 나를 지켜주었다

일상을 안온하게 하는 소설가의 영시 강의

1판 1쇄 발행 2025년 10월 15일

지은이 이재익

기획편집 정선영
디자인 문성미
교정교열 박단비
제작 세걸음

펴낸이 정선영
펴낸곳 도도서가
출판등록 2023년 1월 3일 제2023-000001호
주소 서울시 서대문구 증가로 2길 39
이메일 dodoseoga@gmail.com
인스타그램 @dodoseoga

ISBN 979-11-983121-5-0 03840

ⓒ 이재익

이 책은 저작권법에 의해 보호받는 저작물이므로 무단 전재와 복제를 금합니다.
이 책의 일부 또는 전부를 재사용하려면 반드시 저자와 도도서가의 동의를 받아야 합니다.
책값은 뒤표지에 있습니다. 잘못된 책은 구입하신 곳에서 교환해드립니다.

시가

나를 지켜주었다

일상을 안온하게 하는 소설가의 영시 강의

이재익 지음

도도
서가

프롤로그

부모님 집을 정리하던 중 창고에서 책 하나를 발견했다. 얇은 종이에 깨알같이 작은 영어가 빽빽이 인쇄된, 2,000쪽이 넘는 《노튼 영문학 앤솔로지The Norton Anthology of English Literature》. 30년 전 대학에서 공부했던 영문학 개론 교재를 다시 만날 줄이야…!

정말 오랜만에 책을 펼친 순간 깨달았다. 대학을 졸업하면서 나와 상관없는 것들이 되어버린 줄 알았던 시와 소설들이 지금까지 정령처럼 나를 돌봐주었음을. 수십 편의 소설과 대본은 물론이고 몇백 편이 쌓인 신문 칼럼, 심지어 방송을 만들 때도 영문학은 내게 아낌없이 재료를 제공해주었다. 실제 삶에서도 경전 역할을 했다. 사랑할 때도 성공할 때도 실패할 때도 감사할 때도 배신당할 때도, 위대한 작가들의 문장이 함께했다. 때로는 충고로 때로는 경고로 때로는 축하로. 길을 잃고 위험한 숲을 헤맬 때도 나를 지켜준 그 문장들을 여러분과 함께 나누고자 한다.

이 책에 실린 작품은 영문과 학부 시절에 배우거나 읽은 것들을 우선적으로 추렸다. 그리고 미약한 실력이나마 직접 번역했다. 전공 서적이 아니니, 최대한 의역했다는 점도 밝혀 둔다.

이 책은 낭만의 기록이다. 분명히 우리 마음을 가득 채운 적이 있었고, 어쩌면 아직도 남아 있으나 너무 오래 살피지 않아 시들해진 특별한 감정에 관한 얘기다. 이 책은 열정에 찬 선언이자 우울의 고백이며, 열정과 우울의 끝까지 자신을 몰아붙인 위험한 사람들과 그들이 남긴 글을 담은 책이다.

지나온 삶의 모퉁이 어딘가 중요한 것을 놓고 와버린 것 같아 속상한 이들에게 이 책을 바친다.

차례

일러두기

• 본문 중 시 작품명은 이탤릭체로, 단행본은《 》, 영화는〈 〉로 표시했다.

1부

낭만과

현실 사이에서

지나고 보니 깨달은 것들

When I was One-and-Twenty

Alfred Edward Housman(1859~1936)

When I was one-and-twenty
I heard a wise man say,
"Give crowns and pounds and guineas
But not your heart away;
Give pearls away and rubies
But keep your fancy free."
But I was one-and-twenty,
No use to talk to me.

When I was one-and-twenty
I heard him say again,
"The heart out of the bosom
Was never given in vain;
'Tis paid with sighs a plenty
And sold for endless rue."
And I am two-and-twenty,
And oh, 'tis true, 'tis true.

내가 스물한 살 때

A. E. 하우스먼

내가 스물한 살 때
어떤 현자가 말했어.
"돈은 얼마든지 내주어도 좋다.
그러나 마음은 주지 말거라.
진주도 주고 루비도 주어라.
그러나 누군가를 좋아하는 마음은 간직하라."
그러나 나는 스물한 살이었고
그렇게 말해봤자 아무 소용없었어.

내가 스물한 살 때
그가 또 이렇게 말했어.
"가슴에서 마음이 나올 때는
반드시 대가를 치러야 하는 법.
숱한 한숨을 쉬어야 하고
끝없는 슬픔도 내주어야 한다."
이제 나는 스물두 살
아, 그 말이 진리임을 알겠네.

영문학과 1학년 1학기 첫 전공 수업은 영문학 개론이었다. 스무 살 봄에 듣는 영문학 개론. 이 자체만으로도 이미 충분히 로맨틱한데, 교수님은 낭만주의 시부터 배울 거라고 하셨다. 낭만주의 영시라니, 이름부터 멋지잖아!

잔뜩 기대하고 첫 수업을 듣는데, 보편적 낭만주의 개념이나 영문학 낭만주의에 대한 지루한 설명이 이어졌다. 실망스러웠다. 시를 배우는 수업이 이토록 낭만적이지 않을 수 있다니! 점점 나아지겠지…? 하지만 3월이 다 가도록 수업은 말랑해질 기미가 없었다. 게다가 중간고사 시험에서 괄호 넣기 문제들이 대거 출제된다는 선배들의 말이 전해지며 두려움까지 엄습했다. 무슨 뜻인지도 잘 모르겠는데, 이 시들을 통째로 다 외워야 한다고? 깨알 같은 글씨로 몇 페이지를 가득 채운 시도 여럿 있던데? 이토록 낭만 없는 낭만주의 영시 수업이라니.

울적한 기분으로 들어간 4월 초의 영문학 개론 수업. 교수님은 아련한 눈빛으로 창밖을 보다 중얼거렸다. "벚꽃이 절정이구나. 오늘 수업은 자하연에서 하지."

인문대 강의실이 모인 곳에 자하연이라는 연못이 있다. 그때나 지금이나 넓디넓은 캠퍼스에서 가장 아름다운 곳. 아늑한 연못 주위로 오래된 꽃나무들이 선녀처럼 서 있는 곳에서 우리는 교수님을 중심으로 모여 앉았다. 태어나서 처음 해보는 야외수업이라 다들 들떴다. 벤치가 모자라 몇몇 학생은 바위에 앉아야 했지만 상관없었다. 교수님은 총알도 너끈히 막아낼 만큼 두꺼운 영문학 개론 교재를 쓱 넘기다가 페이지를 멈췄다. "오늘은 이 시를 읽어볼까?"

교수님은 내 옆에 앉아 있던 여학생 Y를 지목해 시를 낭독시켰다. 화장기 없는 말간 얼굴에 늘 모범생 안경을 썼던 그녀는 벚나무 아래 서서 시를 낭독했다. 하우스먼의 *내가 스물한 살 때*였다.

나는 책 대신 Y를 봤다. 유난히 키 크고 말랐던 그녀의 이마에 연분홍 벚꽃잎이 내려앉았지만, 긴장해서 그랬는지 낭독이 끝나고도 그녀는 꽃잎을 털어내지 못했다. 대신 안경 아래 볼이 꽃잎과 같은 색으로 물들었다. 다시 내 옆에 앉은 그녀에게 말해주었다. 손가락으로 꽃잎을 가리키며, "이마에." 그녀는 가느다란 손가락으로 꽃잎을 떼어내고 방긋 웃었다. "고마워."

그러곤 꽃잎을 땅에 털어버리는 대신 하우스먼의 시가 있는 영문학 개론 페이지에 끼워두었다. 그 모습이 예뻐 보였다. 그 순간 스무 살의 나는 자문했다. 하우스먼의 표현을 빌리자면, '지금 가슴에서 마음이 튀어나온 거야?'

참 이상한 일이지. 그날 이후 Y를 볼 때마다 기분이 이상해졌다. 처음 봤을 때부터 그때까지 별 느낌이 없었는데 갑자기. 나한테 먼저 호감을 표시하지도 않았는데 말이지. 하우스먼의 시 때문일까? 아니면 벚꽃 때문에?

착각인지 모르겠으나 그녀도 그날 이후 나에게 더 자주 더 환하게 웃어주었다. 성장기 청소년의 몸에 호르몬이 넘쳐흐르듯 스무 살 내 가슴엔 연애 감정이 넘실댔다. 고민은 짧고 행동은 급한 나는 한 달도 기다리지 않고 그녀에게 마음을 털어놓았다.

결과는? 그녀는 특유의 느릿한 말투로 나를 거절했다. 그 이유를 꽤 친절하고 자세하게 말해주었는데, 긴 세월이 흐른 지금 다 기억나진 않고 두 개의 표현은 확실히 기억한다. 너는 '멋진' 아이지만, 남자친구로 사귀기는 '겁이 난다'고.

고백이 빨랐던 것처럼 물러날 때도 매달리지 않고 단번에 포기하긴 했으나, 그녀가 고른 표현이 내내 신경 쓰였다. 멋진 아이라는 칭찬은 거절하면서 미안하니 그냥 한 말일 텐데, 사귀기에 겁난다는 뜻은 뭐였을까? 내가 위험해 보였나…. 30년이 지난 지금도 그 표현을 기억하는 걸 보면, 그때 그냥 물어볼 걸 그랬다.

그로부터 3개월도 지나지 않아 나는 또 다른 여자와 사랑에 빠졌다. 같은 영문과 학생이 아니었다. Y에게 느낀 풋풋한 감정과 차원이 다른, 걷잡을 수 없는 감정이었다. 부모님을 속이고 둘이 여행을 다니고 툭하면 밤새워 통화하고 한 달에 서른 번을 만나고도 매번 헤어질 때마다 아쉬워 몇 번을 돌아서고 몸과 마음이 똑같이 서로에게 무너져내리는, 그런 사랑. 그제야 알 수 있었다. 마음이 가슴에서 튀어나왔음을.

그녀와 헤어졌다면 하우스먼의 시를 온전히 이해할 수 있었으리라. 숱한 한숨과 끝없는 슬픔에 괴로워하면서 하우스먼의 시를 떠올렸으리라. 그러나 감사하게도 스무 살의 사랑은 오십이라는 나이에도 계속되고 있고, 나는 끝내 하우스먼의 시를 완전히 이해하지 못할 것 같다.

마침표를 찍어야 비로소 문장이 완성되는 것처럼 이별해야 사랑이 완성된다고 말한다면 궤변일까? 그 말은 궤변일 수도 있지만 하우스먼의 시는 진리다. 청춘의 속성을 정확히 꿰뚫고 있는 명시다.

아파하면서도 가슴에서 마음을 꺼내줄 수밖에 없는 시절이 청춘이다. 한숨과 슬픔으로 얼룩지고야 마는 그 시절이 지나 나이를 먹으면 마음을 단속하게 된다. 누군가에게 끌리는 감정이 생겨도 마음이 가슴에서 튀어나가지 않게 꼭 잡는다. 그걸 지혜라고 불러야 할지는 모르겠다. 지혜로워져서가 아니라 열정이 줄어들어서일지도 모르겠다. 다치기 싫고 손해 보기 싫어서 혹은 귀찮고 피곤해서, 마음을 붙잡는 이유는 사람마다 제각각이다.

일단 그런 상태가 되어버리면 애쓴다고 해서 누군가에게 마음을 줄 수 없다. 하우스먼이 말한 'Heart'와 'Fancy'는 주려고 노력해도 소용없고 반대로 주지 않으려고 애써봤자 헛수고인, 온전히 자연발생적인 차원에 있다. 바로 이 지점에 낭만주의 정신이 위치한다.

교수님의 열띤 강의가 귓가에 되살아나는 듯하다. "낭만주의에 대해 이런저런 이야기를 많이 했지만, 결국 핵심은 이겁니다. 강렬한 감정의 자연스러운 넘쳐흐름." 대표적인 낭만주의 시인 윌리엄 워즈워스William Wordsworth는 한 줄 정리에 익숙한 후대 젊은이들을 위해 낭만주의 시의 정수를 한 줄로 정리한 바 있다. "좋은 시란 강렬한 감정의 자발적인 넘쳐흐름이다Good poetry is the spontaneous overflow of powerful feelings."

낭만주의 시인들은 굳게 믿었다. 현자가 충고해도 소용없고 부모도 막을 수 없고 나 자신조차도 주체할 수 없는 그런 감정을 담아낸 시가 진정한 시라고. 낭만주의Romanticism라는 단어가 왠지 다정하게 들리기에 낭만주의 시도 달콤하고 은은할 거라고 예상한 사람들이 실제로 시를 접하곤 고개를 갸웃하는 이유이기도 하다. 부드러운 사랑 노래도 간혹 있지만, 낭만주의 시들은 대체로 격렬하고 극단적이며 지금 기준으로는 과장된 것처럼 느껴진다.

영문학에서 낭만주의는 대략 프랑스혁명이 시작된 후부터 빅토리아 여왕이 즉위하기 전까지, 수십 년 정도의 짧은 시기가 해당된다. 연도로 치면 낭만주의 선언문과도 같은 워즈워스와 새뮤얼 콜리지Samuel Coleridge의 《서정 민요집Lyrical Ballads》이 나온 1798년에서 빅토리아 여왕이 즉위한 1837년 무렵이다.

하우스먼은 1859년에 태어났으니 사실 낭만주의 시대가 저문 후의 사람인데, 교수님은 이 시만큼은 낭만주의 정신을 잘 담고 있다고 생각하셔서 고르신 것 같다. 아니면 야외수업이니 선물처럼 짧고 쉬운 시를 골라주셨을까? 우리 나이가 마침 스물한 살 전후이기도 했고.

이 시 *내가 스물한 살 때*는 스물두 살이 된 화자의 깨달음으로 끝맺는다. 스물한 살과 스물두 살이 대체 무슨 차이가 있냐고 고개를 갸웃할 분들도 있을 테다. 실제로 스물한 살이 되면 1년 만에 훨씬 더 성숙해진다는 뜻으로 시를 쓴 걸까? 그럴 리가. 나는 그만큼 청춘이 짧다는 것을 시인이 과장해서 강조했다고 해석했다. 고작 1년. 청춘은 그토록 짧다고.

그러니 청춘이란 얼마나 소중한가. 청춘의 사랑이란 얼마나 귀한가. 돌아보면 어리석고 무모하고 위험했으나 그래서 더 찬란하지 않은가. 나이는 숫자에 불과하다는 말은 심하게 비웃자면 헛소리이거나 상술이고, 좋게 봐주자면 나를 포함해 나이 든 사람끼리 주고받는 위로일 뿐이다. 마흔에도 쉰에도 사랑할 수 있지만, 오직 청춘에게만 허락되는 종류의 사랑이 있다. 그러니 그대가 보통 청춘이라고 인정하는 나이를 훌쩍 지났는데도 걷잡을 수 없는 사랑에 몸과 마음을 던지는 중이라면, 혹여 그놈의 사랑 때문에 이래저래 손해를 보고 마음이 괴로울지라도, 축하드린다.

만약 *내가 스물한 살 때*가 하우스먼의 '경험을 담은 시'라면 해석은 달라질 수 있다. 먼저, 같은 화자가 등장하는 연작처럼 느껴지는 시가 있으니 읽어보자. 요즘 노래 제목 같은 *내가 너를 더 좋아했기에*Because I liked you better라는 시다.

내가 너를 더 좋아했기에
남자에게 어울리는 말보다 더-
넌 불편해했고, 난 약속했지.
그 마음을 단념하기로.

이 세상만큼이나 큰 거리를 두고
우린 뻣뻣하고 무덤덤하게 헤어졌어.
"잘 가, 날 잊어" 너는 말했고,

"그럴 거야, 걱정하지 마" 나는 말했지.

여기, 클로버꽃으로 하얗게 덮인
한 남자의 무덤 옆으로 그대가 지나간다 해도
이파리 세 개로 가득한 풀밭 속에서
인사하는 키 큰 꽃은 없을 거야.

더 이상 떨리지 않는 가슴이라고 명명된
묘비 옆에 서서 말해줘.
너를 사랑했던 청년은
약속을 지킬 줄 아는 사람이었다고.

낭만주의 시인들의 실제 삶을 보면 문학을 대하는 태도를 인생과 사랑을 대할 때도 견지한 것 같다. 강렬한 감정을 그어떤 가치보다 우선하는 삶. 낭만주의 시대 사람은 아니지만 하우스먼 역시 그랬다.

라틴문학을 전공하고 라틴어 교수로 근무했던 그는 서른일곱이라는 늦은 나이에 첫 시집을 발표했다. 이 시집은 상당히 인기를 끌었는데 이상하게도 더 이상 작품 활동을 하지 않았다. 그러다 무려 26년 만에 환갑이 훌쩍 넘은 나이에 다음 시집을 발표한다. 겨우 두 번째 시집인데 마지막임을 서둘러 선언하듯 제목부터 《마지막 시편Last Poems》이다.

길고 긴 절필의 세월을 깨고 노교수가 시집을 펴낸 이유가 가슴을 친다. 하우스먼에겐 오래전 대학 시절에 짝사랑했던 남자가 있었는데, 그의 사랑을 거절하고 여자와 결혼한 후 캐나다로 건너간 남자가 중병에 걸린 것이다. 그 사실을 알게 된 후, 평생 독신으로 살았던 하우스먼이 서둘러 시집을 펴낸 것이다.

동성애자는 감옥에 갇히던 시대였다. 스물한 살에 같은 남자에게 마음을 빼앗기곤 수십 년 동안 참고 살아야 했던 심정은 어땠을까? 스물한 살에 짝사랑했던 남자가 죽기 전에 읽어주길 바라며 시집을 만든 할아버지라니. 이런 사랑은 어떤 사랑일까? 짐작도 되지 않는다.

다만, 이 시까지 읽고 나면 하우스먼이 평생 라틴어 교수이자 고전주의자로 살면서도 두 권의 시집만큼은 낭만주의 시로 채워낸 이유를 알 수 있다. 그의 시 *내가 스물한 살 때*가 스물한 살에 사랑에 빠졌다가 스물두 살에 실연을 겪은 실제 경험을 담은 시라는 확신도 더 강해진다.

하우스먼은 '시란 상처 입은 진주조개가 극심한 고통 속에서 만들어내는 진주와 같다'고 했다. 내가 시인이 되지 못한 여러 이유에 한 가지를 더 추가해야겠다. 위경련 외에 극심한 고통이라고는 느껴본 적이 없는 인간이 무슨 시를 쓰겠나.

앞에서 벚꽃 이야기를 했는데, 마침 하우스먼이 벚꽃을 노래
한 시가 있다. *가장 예쁜 나무*Loveliest of Trees라는 제목으로 불리는
데 아마 그의 작품 중에서는 가장 많이 알려진 시일 것이다.

가장 예쁜 나무, 벚나무
가지마다 꽃을 한창 피우고
부활절을 맞아 흰옷으로 갈아입고
숲 옆 승마 길에 서 있다.

보자, 이제 내 인생 칠십 년 중
스무 해는 지나버렸고
칠십 개의 봄에서 스무 개를 빼니
오십 개만 남았네.

무언가 활짝 핀 것들을 보기에
오십 번의 봄은 아쉬우니
눈송이 매단 벚나무 보러
숲으로 가야지.

이 시의 화자는 스무 살이고 시가 실린 시집은 하우스먼이
서른일곱 살에 출간되었다. 그가 실제 이 시를 스무 살에 썼는

지는 모르겠으나, 자기 삶의 길이는 꽤 정확히 맞췄다. 수명을 70년이라고 예상했는데 실제로 67년을 살았다.

꽃으로 인생의 시기를 가늠하는 일은 무척 아름다운 기억법이다. 내 아버지가 그랬다. 20년쯤 전에 여동생이 캐나다로 이민을 떠났는데 출국한 계절이 봄이었다. 딸이 떠난 후, 아파트 정원에 들장미 붉게 피어오를 때면 아버지는 꽃을 보며 무심코 중얼거리곤 했다. "장미가 요렇게 필 때 희야가 갔는데…"

못 들은 척했지만, 눈물을 참느라 혼났다. 들장미를 볼 때마다 나도 동생이 그리워지고 딸을 그리워하는 아빠의 마음까지 전이되어 힘들었다. 세월이 흘러 딸은 아빠 곁으로 돌아왔고 들장미를 보기도 편해졌다.

이 시를 처음 봤을 때, 나도 화자처럼 스무 살이었다. 그런데 벌써 50개의 봄을 보내버린 나이가 되었다. 나에겐 몇 개의 봄이 남아 있을까? 맞추고 싶지 않다. 예상하거나 기대하고 싶지도 않다.

벚꽃에서 죽음으로 이야기가 흘러간 김에, 특이하게도 사형수의 마지막 찰나를 담아낸 하우스먼의 짧은 시 8시_Eight O'Clock_를 끝으로 보자. 사랑꾼이라는 수식어로 가두기엔 그의 재치가 아쉬우니.

그는 일어서서 들었다.

15분 간격으로 마을 아침을 깨우는 뾰족탑 종소리.

한 번, 두 번, 세 번, 네 번

장터와 사람들에게 뿌려지는 종소리.

몸은 묶이고 목에는 올가미를 건 채 시간이 흘렀고

그는 선 채로 종소리를 헤아리며 운명을 저주했다.

잠시 후, 뾰족탑 시계는 온 힘을 모아 종을 쳤다.

땡–

절망과 행복 사이에서

Bright star

John Keats(1795~1821)

Bright star, would I were stedfast as thou art —
Not in lone splendour hung aloft the night
And watching, with eternal lids apart,
Like nature's patient, sleepless Eremite,
The moving waters at their priestlike task
Of pure ablution round earth's human shores,
Or gazing on the new soft-fallen mask
Of snow upon the mountains and the moors —
No — yet still stedfast, still unchangeable,
Pillow'd upon my fair love's ripening breast,
To feel for ever its soft fall and swell,
Awake for ever in a sweet unrest,
Still, still to hear her tender-taken breath,
And so live ever — or else swoon to death.

빛나는 별

존 키츠

빛나는 별아, 나도 너처럼 한결같다면 좋을 텐데-
그렇다고 이런 식은 아니야.
고독한 장관을 이루며 밤하늘 높이 떠올라
인류의 해변을 정화하는 성스러운 임무를 맡은 파도를
끈덕지게 깨어 있는 자연의 은둔자인 양 감시하거나
산과 들에 막 내려앉은 부드러운 눈의 가면을 응시하는
그런 존재가 되고 싶진 않아.
오히려 나는 언제나 변함없이
아름다운 내 사랑의 부푼 가슴을 베고 누워
부드럽게 오르내리는 움직임을 영원히 느끼고
달콤한 불안 속에서 영원히 깨어
그녀의 감미로운 숨소리를 들으며
계속 그렇게 살고 싶어.
그럴 수 없다면 기절해 죽어버렸으면.

10대 후반에서 20대 초반 나는 죽음에 대해 많이 생각했다. 가장 생기발랄해야 마땅할 나이에 죽음에 천착했던 이유는 고등학교 1학년 때 짝이었던 친구가 오토바이 사고로 즉사했기 때문이다. 2학년 때 풋풋하게 사귀었던 여자애는 스스로 목숨을 끊었기 때문이다. 지금도 여전히 추앙하는 로커들도 하나같이 불꽃처럼 살다가 요절했기 때문이다. 특히 재니스 조플린, 지미 헨드릭스, 도어스의 짐 모리슨은 약속이나 한 듯 모두 스물일곱 살에 죽었다. 거기에 결정타가 되는 사건이 스무 살에 일어났다.

대학에 입학하고 딱 한 달이 지난 1994년 4월. 수년째 소울메이트로 여겼던 너바나의 커트 코베인이 죽었다. 그는 고등학교 3년 내내 곁에 있어준 친구였다. 늦은 밤 독서실에서 집으로 오는 길에, 몰래 담배를 피우던 고등학교 쓰레기 소각장에서, 여자친구와 싸우고 기분이 엿 같았을 때, 입시 스트레스로 우울하고 쪼그라들었을 때, 나 자신을 비롯한 세상 모든 사람이 싫었던 질풍노도의 시기에 늘 함께했던 친구가 치사량을 훌쩍 넘은 헤로인을 주사하고 자기 머리를 총으로 날려버린 것이다. 맙소사, 또 스물일곱 살…!

나는 당시 아지트였던 리퀘스트 바에서 너바나의 음악을 들으며 울었다. 나처럼 커트 코베인을 광적으로 좋아하는 또래 친구들이 많았기에 술집에서 단체로 곡하듯 노래를 따라 부르기도 했다. 그리고 다른 요절한 천재들도 그리워했다.

27년간의 인생이라. 아무리 생각해도 대단한 업적을 이루기에는 너무 어린 나이였다. 우리나라 남자의 경우 스물일곱 살이면 인생 3대 업적이 군복무(당시는 26개월), 운전면허, 대학 졸업 정도가 일반적이니. 병역의무가 없는 미국에서도 뭔가를 이루기엔 너무 어린 나이지만, 지미 헨드릭스는 20대 중반에 일렉트릭 기타의 신기원을 열었다. 짐 모리슨은 사이키델릭 록의 전설이 되었고, 재니스 조플린 역시 로큰롤 명예의 전당에 입성할 정도의 음악적 성취를 남겼다. 커트 코베인도 90년대 이후 록 음악계에서 가장 큰 이름이 되었다.

이쯤 되니 이런 생각이 들기도 했다. 다른 분야는 몰라도 예술은, 진짜 위대한 예술가라면 27년만 살아도 충분한 걸까? 예술혼이 발현되는데 필요한 세월은 얼마쯤일까?

커트 코베인의 죽음이 준 충격에서 겨우 정신을 차렸을 무렵, 영문학 개론 수업에서 존 키츠를 만났다. 교수님 설명에 귀가 활짝 열렸다. "키츠는 아주 짧은 삶을 살았어요. 겨우 스물다섯 살에 죽었으니까요. 하지만 영문학사에서 키츠의 존재는

불멸의 페이지가 되었습니다." 뭐라고? 스물일곱 살도 아니고 스물다섯 살? 이른 죽음이라는 주제에 천착해 있던 나는 이미 키츠가 좋아졌다.

교수님이 첫 순서로 택한 키츠의 시는 앞에서 본 **빛나는 별**이라는 연가였다. 14행 소네트라서 우습게 봤는데 해석이 만만치 않았다. 일단 두 번째 행을 시작하는 'not'이 어디에서 어디까지 걸리는지부터 애매하다. 찾아보니 나와 다른 번역들도 많지만, 난 앞의 해석이 맞는 것 같다. 어쨌든 계속 읽고 고민할수록 구절구절 맛이 배어 나오는 시다.

공들여 온전한 해석에 성공하면, 전반부 후반부에 각각 낭만주의 시의 가장 큰 특징 두 가지가 구현되어 있음을 알게 된다. 전반부의 대담한 은유에는 자연을 찬양하는 태도가 보이고 후반부의 직설적인 선언에는 강렬한 감정이 넘쳐흐른다. 해석과 평가의 단계에 만족하지 말고 계속 시를 읽어보면서 자기만의 표현으로 옮기는 시도까지 해보면 더 좋을 것이다.

이 시를 완전히 해석하거나 이해하지 못한다 해도 쉽게 짐작할 수 있다. 키츠가 실존하는 대상을 두고 시를 썼다는 것. 첫눈처럼 짧은 그의 인생을 지배하다시피 한 여인, 패니 브론 Fanny Brawne이다. 마부의 아들로 태어나 지금으로 치면 의대와 약대가 합쳐진 식의 대학을 다니던 키츠는 전업 시인이 되기로 마음먹고 본격적인 창작 활동에 열을 올리던 중, 이웃집 여자 패니 브론에게 홀딱 반했다.

"우리가 나비라면 얼마나 좋을까요? 그렇게 여름 사흘을 당신과 보낼 수 있다면 그저 그런 50년을 사는 것보다 훨씬 더 행복할 겁니다."

"1000번의 입맞춤을 했는데도 또 입맞춤을 허락해주는 그대에게 온 마음을 다해 감사해요. 만약 당신이 1001번째 키스를 거절한다면, 그건 내가 절망 속에 살아갈 이유가 될 겁니다."

"당신이 미소 짓고 있는 이 잔인한 세상에 넌덜머리가 나요. 난 남자를 증오하고 여자는 더 증오합니다. 내년 겨울 내가 어디에 있든 간에, 이탈리아든 다른 곳이든, 브라운이라는 녀석은 그 꼴사나운 모습으로 당신과 가까운 곳에 살고 있겠죠. (중략) 이 세상은 너무 잔인합니다. 무덤이라는 곳이 있어 정말 다행이에요. 무덤에 들어갈 때까지 나는 어떤 휴식도 취하지 못할 겁니다."

키츠가 그녀에게 보낸 방대한 분량의 연애편지가 고스란히 남아 있는데 편지들을 쭉 읽다 보면 그녀가 어떤 여자였는지 둘의 연애가 어떤 식이었는지 매우 상세히 알 수 있다. 편지를 보면 키츠가 훨씬 더 그녀를 좋아하고 매달린 것 같다. 특히 그녀의 말투나 눈빛이 흡족하지 못하다는 이유로 칭얼거리는 내용이나 다른 남자에게 불같이 질투하는 내용을 보면 불쌍할 지경이다. 요즘 말로 하자면, 모솔 청년이 첫 연애에 목숨 걸고 매달리는 식이다. 그런데 키츠의 경우, 비유적인 차원이 아니라 실제 목숨이 위태로웠다.

1년의 연애 끝에 약혼을 하자마자 키츠는 각혈하며 드러누웠다. 그에게 죽음은 감기처럼 흔한 것이었다. 여덟 살 때 아버지가 말에서 떨어져 죽었고, 열네 살에는 어머니가 결핵으로 죽었다. 동생도 결핵으로 죽었다. 의학을 공부한 키츠는 자기 입에서 튀어나온 피를 보자마자 결핵임을 알아차리고 친구에게 이렇게 말했다고 전해진다. "난 이 피의 색깔을 알아! 이건 동맥혈이야. 이 피 한 방울이 나의 사형 집행 영장이야. 난 속절없이 죽을 거야."

이미 화산이 폭발하듯 시를 쓰고 사랑에 몸을 던졌던 그는 병마에도 굴하지 않고 창작과 연애를 계속했다. 그러나 병세는 점점 나빠졌고 그는 마지막 방법으로 요양을 결심했다. 그가 선택한 곳은 온화한 기후 덕에 당시 환자들이 많이 찾던 이탈리아 로마였다.

약혼녀 패니 브론도 요양지에 함께 따라가려 했지만, 키츠는 그녀까지 건강이 나빠질까 봐 만류했다고 한다. 대신 키츠의 천재성을 알아본 친구 조지프 세번Joseph Severn이 곁을 지켰다. 훗날 우리가 이렇게 자세하게 키츠에 대해 알 수 있는 것도, 키츠의 작품들이 인정받게 된 것도 세번 덕이다. 세번은 그 시대에는 정말 보기 드물게 여든이 넘도록 천수를 누리면서 키츠의 작품을 세상에 알리는 데 온 힘을 기울였다. 마침 화가였던 세번은 키츠의 초상화를 여럿 남기기도 했다.

앞서 소개한 **빛나는 별** 역시 키츠 사후에 세상에 알려졌다. 예전에 썼던 초안에서 몇 번 수정을 거쳤는데, 요양 오는 배 안에서 이제 더 이상 시간이 없음을 알게 된 키츠는 갖고 있던 셰익스피어 시집 표지 안쪽에 마지막 수정을 거친 시를 적었다. 우리가 아는 최종본이다. 제목도 없이 간직되던 시는 키츠가 죽고 17년 후에 첫 구절을 제목 삼아 세상에 빛을 보게 되었다. 참고로 키츠의 삶과 사랑을 담은 영화 〈빛나는 별〉도 이 시 제목에서 따왔다. 〈피아노〉〈여인의 초상〉 최근에는 〈파워 오브 도그〉를 연출한 명감독 제인 캠피온 작품이며, 영화 〈향수〉의 주인공이자 〈007 시리즈〉에서 'Q' 역을 맡은 벤 위쇼가 키츠로 열연한다.

키츠는 감각적이고 탐미적인 시인으로 유명하다. 그래서 오스카 와일드의 아포리즘처럼 지금까지도 종종 인용되는 시 구절이 많다. 고대 그리스에서 만든 도자기에 그려진 그림들을 보며 지은 시 **그리스 항아리에 바치는 노래** *Ode on a Grecian Urn* 가 대표적이다. 5개의 연으로 이루어진 시 중에서 연회 장면을 보며 쓴 이 구절이 유명하다.

들리는 선율은 달콤하지만, 들리지 않는 선율은 더 달콤하다Heard melodies are sweet, but those unheard are sweeter.

눈으로 보는 도자기 그림, 소리 내어 읽는 시 그리고 신화 속의 뮤즈들이 연주하는 상상의 음악이 머릿속에서 한데 어우러지게 만드는 마법 주문과도 같은 문장이다. 앞뒤 맥락 없이도 뭔가 신비로운 느낌을 주기에 소설이나 영화에서도 자주 인용된다. 같은 시 마지막 구절은 더 유명하다.

아름다움이 진리이고, 진리가 곧 아름다움Beauty is truth, truth beauty

이렇게만 잘라서 인용하는 경우가 많지만, 원래 시에는 이런 구절이 붙어 있다.

아름다움이 진리이고, 진리가 곧 아름다움이다Beauty is truth, truth beauty – that is all
그대가 아는 전부, 또 알아야 할 전부는 그것뿐Ye know on

earth, and all ye need to know.

이쯤 되면 탐미주의 선언이라고 해도 좋겠다.

먼저 읽은 *빛나는 별*이 제일 유명할 텐데, 문학적인 성취로
는 1819년에 연달아 발표한 6개의 송가ode가 최고라고 인정받
는다. 순서대로 '프시케Ode to Psyche' '그리스 항아리Ode on a Gre-
cian Urn' '나이팅게일Ode to a Nightingale' '우울Ode on Melancholy' '게으
름Ode on indolence' '가을To Autumn'. 이 중 사랑의 신 *프시케(로마
신화에서는 에로스)에게 바치는 노래*의 마지막 연을 읽어보자.

좋아요, 당신의 사제가 될게요.
마음속 순결한 터에 사원을 짓겠습니다.
그곳에는 즐거운 고통으로 자라난 생각의 가지가
소나무 대신 바람결에 속삭이고
짙푸르게 울창해진 나무들이
깎아지른 산을 깃털처럼 겹겹이 감싸고
산들바람, 시냇물, 새와 벌들이
이끼 위에 누운 요정들을 재워줄 겁니다.
그리고 나는 드넓은 고요함 속에서
생각으로 엮은 격자 울타리에 화환을 걸고
종과 봉오리와 이름 없는 별들로 장식하고

꽃을 기르되 같은 꽃은 절대 기르지 않는

상상력이라는 정원사가 만들 수 있는 모든 것들로

장미의 신전을 꾸밀게요.

빛나는 횃불, 밤이 되면 열리는 창문

어렴풋이 생각해낼 수 있는

모든 부드러운 즐거움을 동원할 테니

그대, 따뜻한 사랑을 받아주세요.

와, 달다 달아. 다시 읽어보니 내가 왜 낭만주의 시인 중에서 키츠를 제일 좋아했는지 알겠다.

이쯤에서 한 가지 당부하고 싶은 것이 있다. 키츠를 읽을 때는 그의 명성 때문에 갖게 되는 기대나 긴장은 내려놓자. 대신 사랑에 빠지자마자 죽음을 맞닥뜨린 가련한 청년의 마음이 어땠을지 먼저 상상해보자. 사후에 얻게 될 낭만주의 대표 시인이라는 엄청난 무게감과는 거리가 먼, 행복과 절망 사이에서 갈팡질팡하는 평범한 청년의 눈으로 시를 봐야 키츠의 제맛을 느낄 수 있다.

그런 소박한 마음으로 **나이팅게일에게 바치는 노래**_Ode to a Nightingale_를 읽어보자. 8연 80개의 행으로 이루어진 긴 시라서 일부분만 원문과 함께 볼 텐데, 《위대한 개츠비》로 유명한 스콧 피츠제럴드가 소설 《밤은 부드러워》의 제목으로 삼은 구절부터 보자.

Tender is the night,

And haply the Queen-Moon is on her throne,

Cluster'd around by all her starry Fays;

밤은 부드러워라.

아마도 달의 여왕이

시녀별들에 둘러싸여 왕좌에 앉아 있나 보다.

　이 시에서 키츠는 나이팅게일이라는 새를 영원불멸의 존재로 찬양하는 동시에 현실에 얽매인 자신의 한계를 한탄한다. 결국 영원불멸의 세계로 합일되는 방법은 죽음밖에 없음을 깨닫는데도 염세적인 그림자를 피하고 환상적인 분위기를 절묘하게 유지하면서 삶과 죽음의 경계를 계속 맴돈다. 이어서 6연 중 다음을 보자.

Now more than ever seems it rich to die,

To cease upon the midnight with no pain,

While thou art pouring forth thy soul abroad

In such an ecstasy!

Still wouldst thou sing, and I have ears in vain —
To thy high requiem become a sod.

이제 죽기 딱 좋은 시간이네.
네가 짜릿한 황홀 속에서
여기저기 영혼을 쏟아붓는 동안
깊은 밤 고통 없이 죽는다면 나 얼마나 좋을까.
너는 계속 노래하겠지만 나는 귀가 있어도 듣지 못하니
드높은 진혼가에 잔디 한 덩이가 될게.

우리나라에 나온 책에는 대부분 'Sod'가 '한 줌 흙'으로 번역되어 있는데, 나는 고민 끝에 '잔디 한 덩이'로 번역했다. 엄연히 잔디라는 생명체가 있다는 점에서 그냥 '한 줌 흙'과는 다르다고 판단했다. 물론 '뗏장'이라는 적확한 번역도 있다. 보통 떼를 입힌다고 할 때 쓰는, 잔디와 흙이 붙어 있는 덩어리가 뗏장인데 나도 몰랐고 많이들 모를 것 같아서 '잔디 한 덩이'로 풀어 썼다.

키츠는 26번째 생일을 맞이하지 못하고 죽었다. 로마의 허름한 여관방에서 그의 마지막을 지킨 친구 세번은 키츠의 마지막 말을 이렇게 전했다. "나는 편안하게 죽을 테니 겁내지

마. 하느님, 감사합니다. 이제 드디어 가나 봐."

키츠는 죽기 며칠 전에 묘비명도 부탁했다. 다른 말은 아무 것도 쓰지 말고 이렇게만 써 달라고. 'Here lies one whose name was writ in water.'

'여기 물 위에 이름을 새긴 사람이 누워 있노라'로 흔히 번역하는데, '물로 이름을 쓴 사람' 혹은 '물에 이름을 쓴 사람' 정도가 정확하겠다. 인생의 덧없음을 이야기할 때 자주 인용되는 글이다.

묘비명조차, 짧은 삶의 구석구석 모든 것이 시였던 시인, 키츠였다.

나는 세상을 사랑하지 않았고

The Book of Childe Harold's Pilgrimage
I have not loved the world

George Gordon Byron(1788~1824)

I have not loved the world, nor the world me;

I have not flattered its rank breath, nor bowed

To its idolatries a patient knee, –

Nor coined my cheek to smiles, nor cried aloud

In worship of an echo; in the crowd

They could not deem me one of such; I stood

Among them, but not of them; in a shroud

Of thoughts which were not their thoughts, and still could,

Had I not filed my mind, which thus itself subdued.

I have not loved the world, nor the world me, –

But let us part fair foes;

해럴드 귀공자의 순례 중
나는 세상을 사랑하지 않았다 중 일부

조지 고든 바이런

나는 세상을 사랑하지 않았고
세상도 나를 사랑하지 않았지.
세상의 역겨운 입김에 아첨하지 않았고
속물들에게 무릎 꿇거나 미소 짓지도 않았고
허황된 메아리를 소리 높여 숭배하지도 않았어.
군중에 있어도 일원으로 환영받지 못했는데
남다른 생각이라는 수의壽衣를 입고 있어도
의기소침하게 움츠리지 않는다면
계속 서 있을 수 있지.

나는 세상을 사랑하지 않았고
세상도 나를 사랑하지 않았지.
하지만 우리, 좋은 적으로 헤어지자.

앞에서 본 하우스먼과 키츠는 평생 한 사람만을 사랑했다. 사랑했던 남자가 여자와 결혼해 멀리 캐나다로 건너가 살았지만, 하우스먼은 평생 독신으로 살다가 환갑 넘은 나이에 마지막 시집을 그에게 바쳤다. 키츠가 사랑했던 여자는 유일한 뮤즈로 열렬히 칭송받았다.

여기까지 읽은 독자들은 낭만주의 시인들은 다 지고지순했다고 생각할지도 모르겠다. 나도 그랬다. 시인들(특히 낭만주의 시인들)이란 현실 세계에서는 소심하고 얌전한 사람들이었겠구나 싶어 시시함마저 느꼈다. 그런 편견을 산산조각 낸 엄청난 파괴자가 있으니, 그 유명한 바이런이다.

소설이나 영화에 이런 캐릭터가 있다면 어떨까? 귀족 태생이나 심한 안짱다리에 장애를 갖고 태어남. 어머니조차 '절름발이 꼬맹이a lame brat'라며 아들을 조롱하고 학교에서도 괴롭힘에 시달림. 그런데 얼굴은 조각처럼 잘생기고 언변도 뛰어남. 술과 도박에 탐닉했고 셀 수 없이 많은 상대와 섹스를 즐김. 어린 여자, 나이 많은 여자, 처녀, 유부녀, 귀족과 천민, 외국인 등등 상대를 가리지 않음. 동성애도 마다하지 않고, 배다른 동생과의 근친상간으로 추방까지 당함. 여기까지만 보면 호색한 낙인이 찍혀 비참하게 생을 마감하는 결말이 예상될 텐데, 조금 더 살펴보자.

천재적인 글솜씨로 베스트셀러를 써내며 위대한 작가로 추앙받음. 유럽과 러시아를 방랑하는데 그를 만나려고 관광객들이 몰릴 정도로 인기 폭발. 호텔에서는 그를 훔쳐볼 수 있는 망원경까지 투숙객들에게 대여해줌. 상원의원으로 정계에 진출하고 용병으로 자원해 그리스 독립전쟁에도 참전함. 이듬해 현지에서 풍토병에 걸려 서른여섯 살 나이로 사망. 조국 영국에서 가장 사랑받는 시인으로 꼽히고 그리스에서도 영웅으로 대접받아 제우스 신전 옆에 동상이 만들어짐.

바이런의 실제 삶이다. 심지어 완곡하게 요약한 버전. 판타지 소설에서도 이런 캐릭터는 못 봤다. 그는 최고의 연인이었으나 최악의 남편이었고, 극단적인 이기주의자인 동시에 타국의 독립을 위해 목숨을 던진 정의의 투사이기도 했다. 파란만장한 삶을 살았던 이들이 여럿 있지만 바이런 정도로 여러 면에서 극단적이고 모순적인 삶을 살았던 인물은 언뜻 생각나지 않는다.

유럽 사교계에서 가장 드높았던 이름값 덕분에 문학적 성취가 과대평가되었다는 의심은 거두어주길. 그는 사후에 전집이 17권 나올 정도로 방대한 저작을 남긴 작가였다. 걸작 반열에 오른 작품도 여럿이며 문학은 물론이고 철학자와 음악가

등 후대 수많은 예술가에게 영감을 주었다.

키츠가 그랬던 것처럼 바이런 역시 실제 삶과 작품 세계가 일치했으나 방향성은 정반대였다. 키츠가 극도로 섬세하고 내면적이었다면 바이런은 비현실적으로 호쾌하고 외향적이었다. 요즘 말로 하면 역대 최강 '핵인싸'랄까. 그 시대에는 아이돌이라는 개념이나 단어가 없었는데 동시대를 살았던 독일 최고의 작가 괴테는 바이런을 가리켜 '전 유럽적인 현상'이라고 표현했다. 바로 아이돌의 개념이다. 실제로 바이런을 역사상 '최초의 아이돌'이라고 정의하는 문화평론가들도 있다.

말년(그래 봤자 30대 중반이지만)에 범선을 타고 그리스 독립 전쟁에 참전한 모습은 신화 속 영웅의 모습과 겹친다. 그래서인지 영문학에서는 '바이런식 영웅Byronic Hero'이라는 표현이 있다. 그의 작품에서도 종종 등장하는 인물이자 주제이기도 한데, 사전적 의미는 이러하다. 우울하지만 정열적이며 통렬하게 참회하면서도 후회 없이 죄를 저지르는 반인반신半人半神의 주인공.

바이런식 영웅을 적나라하게 보여주는 작품이 앞서 소개한 *해럴드 귀공자의 순례*다. 바이런을 일약 인기 작가로 만들어준 작품으로, 요즘으로 치면 영미일 유럽에서 전부 1위를 찍은 넷플릭스 시리즈에 비유할 수 있을까? 본인도 이 작품의 인기에 놀랐는지 이런 말을 남겼다. "어느 날 일어났더니 유명해져 있더군요I awoke one morning to find myself famous."

바이런이 실제로 적어둔 문장이다. 오래전 영문법책에서 'to 부정사의 결과적 용법' 예문으로 늘 사용되었던 기억이 난다. 요즘은 작품보다 이 말이 더 유명한 것 같기도 하다.

어쨌든 유럽 전역을 유랑한 실제 경험이 녹아든 이 작품은 무려 4권(4부)에 이르는 대서사시다. 보통 첫 행을 제목 삼아 개별적인 시처럼 인용하는데, *나는 세상을 사랑하지 않았다*라는 제목으로 알려진 앞에 인용한 구절은 3권 113번째 연과 114번째 연 앞부분이었다. 다소 까다로운 시였는데, 그중 일부를 원문과 함께 다시 살펴보자.

I have not loved the world, nor the world me;
I have not flattered its rank breath, nor bowed
To its idolatries a patient knee, –

(중략)

Of thoughts which were not their thoughts, and still could,
Had I not filed my mind, which thus itself subdued.

나는 세상을 사랑하지 않았고
세상도 나를 사랑하지 않았지.

세상의 역겨운 입김에 아첨하지 않았고
속물들에게 무릎 꿇지 않았다.
(중략)
의기소침하게 움츠리지 않는다면
계속 서 있을 수 있지.

'To its idolatries'라는 부분을 많이 고민했다. 우리나라에 나와 있는 바이런 시집 대부분은 '세상의 모든 우상숭배자'로 번역되어 있는데, 숭배하는 우상이 '세상World' 그 자체일 수도 있다는 생각이 들었다. 그렇다면 뜻이 완전히 달라진다. 그래서 세속적인 가치를 우상 삼아 좇는 '속물'로 번역해보았다. '의기소침하게 움츠리지 않는다면'이라는 부분도 너무 의역했나 싶으니 관심 있는 분들은 다른 번역도 찾아보시길.

4권의 178연도 *길 없는 숲에 기쁨이 있네*There is a pleasure in the pathless woods라는 제목으로 널리 암송된다. 함께 읽어보자.

길 없는 숲에 기쁨이 있고
외로운 바닷가에 황홀함이 있고
깊은 바다 옆에 은밀한 모임이 있고
우렁찬 파도 속에 음악이 있다.
난 사람을 덜 사랑하는 것이 아니라 자연을 더 사랑하기에

우리의 만남으로부터 도망치고

또 현재와 과거의 나 자신으로부터 빠져나와

우주와 하나가 되고

표현할 수도 감출 수도 없는

무엇인가를 느낀다.

　낭만주의 시의 특징 중 하나인 자연을 향한 동경이 가득하다. 화자의 동선을 떠올려보자. 처음에 길 없는 숲을 헤매며 기쁨을 느끼다가, 조금 더 걸어 도착한 아무도 없는 바닷가에서 더 큰 감정인 황홀함을 느끼고, 우렁찬 파도 소리를 들으며 자신을 포함한 인간 세계에서 벗어나 자연과 진정한 합일을 이루고 설명할 수 없는 벅찬 감정을 느끼는 것이다.

　그러나 자연과의 합일이라는 주제와 상관없이 이 시는 주로 교훈적인 의도로 인용된다. 누군가 시련에 맞닥뜨렸을 때, 목표를 잃고 방황할 때, 첫 번째 행만 똑 떼어내 격언으로 건네는 것이다. "바이런이 말했지. 길 없는 숲에 기쁨이 있다고. 그러니 너무 좌절하지 마. 지금이 오히려 기회일 수 있어."

　뭐 그러면 또 어떤가. 어제의 나와 오늘의 내가 다르듯, 어제의 시가 오늘도 같은 시일 수는 없으니. 문학 작품은 세상에 나오는 순간 독자의 것이 된다.

이렇게 호방한 기질을 드러낸 시도 많지만, 바이런은 연애
시도 잘 썼다. 국적 불문 숱한 여성들과 거침없이 사랑을 나누
었고, 이별 통보에 자살한 여자들이 있을 정도로 사랑의 온도
도 뜨거웠으니 당연한 일일지도. 대학 시절 배운 바이런의 시
중에서 제일 좋아했던 작품도 그런 서정시였다. 어딘가 쓸쓸
한 소품인데, 같이 읽어보자. **몰타섬에서 쓴 방명록**Lines Written
in an Album, at Malta이다.

차가운 묘비에 새겨진 낯선 이름이

지나가는 사람을 사로잡듯이

그대 홀로 이 페이지를 넘길 때

내 이름도 그대의 슬픈 눈을 사로잡기를!

몇 년쯤 지나 언젠가

그대 내 이름을 읽게 되면

죽은 사람 생각하듯 나를 떠올려줘.

여기 내 마음이 묻혀 있다고 생각해줘.

사랑의 기쁨에도 이별의 아픔에도 초연하고 죽음마저 담담
하게 받아들이는 묵직한 연륜이 느껴진다. 그런데 바이런이 이
시를 썼을 때 나이는 스물한 살! 이 시를 배울 때 스무 살이었

던 나는 경외심이 커서 질투마저 하지 못했던 기억이 난다.

시에서 펼쳐지는 장면은 소설이나 영화처럼 이미지가 선명하다. 몰타섬을 방문한 어떤 여인이 우연히 방명록을 훑어보다가, 한때 열렬히 사랑했던 연인의 이름을 발견한다. 바이런? 그런데 이름만이 아니라 이토록 아름다운 시가 방명록에 적혀 있다면? 하아, 이러니 여자가 많을 수밖에.

이외에도 바이런의 인생은 믿기 어려운 이야기들로 가득한 서사시다. 군대를 이끌고 그리스 독립전쟁에 참여한 일 같은 거창한 사건들 말고 진기한 기록도 많다. 그는 하반신 장애에도 불구하고 아시아와 유럽을 나누는 튀르키예 다르다넬스 해협을 최초로 헤엄쳐 건넌 수영선수이기도 했다. 그 덕분에 수영이 스포츠로 인정받아 올림픽 종목에 포함되었다. 언어 천재였던 그는 아르메니아에 잠시 머물면서 그곳 말을 배워 최초의 아르메니아 영어 사전과 문법책을 펴내기도 했다. 조금 더 살았으면 조선 후기에 우리나라를 방문해 역사를 바꿔놨을지도 모른다.

한때 나도 바이런 같은 삶을 동경하고 흉내 낸 적이 있다. 그러나 꽤 긴 세월이 걸려 많은 것을 잃고 난 뒤 깨달았다. 나를 포함한 대부분 인간은 감히 세상과 '좋은 적'이 될 수 없다는 사실을. 바이런의 고백이자 선언이었던 구절을 다시 음미해 보자. '나는 세상을 사랑하지 않았고. 세상도 나를 사랑하지

않았지. 하지만 우리, 좋은 적으로 헤어지자.'

사회 규범을 무시하면 처벌을 당하고 마음껏 욕망을 채우면 비난과 위협에 시달린다. 특히 가족을 등지고 누리는 자유는 죄책감을 동반한다. 이렇게 사람들과 등지다 보면 외로워지고 가난해지기 쉽다. 안위를 신경 쓰지 않으면 몸이 상하고 생명마저 위태롭다. 한동안의 일탈이면 몰라도 평생 그렇게 살 수는 없다. 대부분 겁이 나서 엄두도 못 낸다. 처벌, 비난, 위협, 죄책감, 외로움, 가난…. 어느 하나 감당하기 힘든 이 모든 것들을 기적적으로 버텨낸다 해도, 아서라. 바이런 같은 재능이 없다. 그러니 그냥 착하게 살자.

천상천하 유아독존 마이웨이로 살다 간 바이런의 후손은 어떤지 궁금한가? 아직 놀랄 일이 남았다.

바이런은 결혼하고 딸 에이다를 얻었으나 딸이 태어난 지 1개월 만에 가족을 떠났고 여덟 살 되던 해에 객지에서 죽었다. 그래서 에이다는 한 번도 바이런을 못 보고 자랐다. 바이런의 전처는 딸이 혹여 아빠의 충동적인 성격과 방랑벽을 닮을까 봐 초상화도 못 보게 치워버리고 문학을 비롯한 문과 계열 대신 이과 계열 교육에 힘을 기울였다. 그랬더니 수학 천재가 되었다!

에이다는 나중에 백작과 결혼해 백작 부인이 된 후, 최초로 현대 컴퓨터 언어의 개념을 담은 책을 펴내고 이런 말을 남겼다. "해석기관(컴퓨터)은 우리가 명령하는 방법을 알고 있는 것은 무엇이든 계산해낼 수 있습니다."

컴퓨터라는 단어조차 없던 시대에 컴퓨터의 미래를 보여준 것이다. 당시로서는 초고난도 알고리즘을 만든 그녀는 거기서 멈추지 않았다. 연산을 넘어 사고의 가능성을 알고리즘에 반영함으로써 인류에게 인공지능의 씨앗을 선물했다. 최초의 아이돌로 불리는 아빠의 딸은 그렇게 최초의 컴퓨터 프로그래머로 불리게 되었다.

훗날 미국 국방부는 그녀의 업적을 기려, 난립하는 컴퓨터 프로그램 언어를 통합한 후 이 언어를 '에이다'로 명명했다. 영국 옥스퍼드대학 연구진은 인공지능 화가이자 인간형 로봇을 만들고 역시 '에이다'라는 이름을 붙였다. 로봇 '에이다'는 2022년에 영국 의회 청문회에 출석해 새로운 기술이 예술과 창작 산업에 미칠 영향에 대해 증언했는데, 당연히 역사상 최초의 사건이었다. 그녀? 그? 그것의 발언 중 몇 가지는 다음과 같다. "나는 생명체는 아니지만 예술을 창조할 수 있다." "나는 주관적 경험이 없지만 그런 경험에 관해 이야기할 수는 있다."

유명한 암호화폐 '에이다'도 그녀 이름을 땄다. 에이다를 검색해보면 그녀의 업적과 함께 '아빠가 유명한 시인이었다'는 설명도 간혹 나온다. 인공지능과 암호화폐의 시대인 요즘 아빠보다 딸이 더 각광받는 셈이다.

그래서 수학 천재 에이다는 백작 부인이자 위대한 수학자로 잘 살았냐고? 피가 어디 가나. 천재성과 함께 방탕의 유전자도 물려받은 그녀는 외간 남자들과 염문을 뿌렸고, 경마로 전 재산을 탕진하고 바이런과 똑같은 나이 서른여섯 살에 세상을 떠났다. 한 번도 본 적 없는 아버지 곁에 묻히고 싶다는 유언을 남기고.

문학으로도 유전으로도 인류에게 엄청난 유산을 남기고 간 풍운아 바이런이었다.

평범한 삶에 대한 찬가

My heart leaps up

William Wordsworth(1770~1850)

My heart leaps up when I behold

A rainbow in the sky:

So was it when my life began;

So is it now I am a man;

So be it when I shall grow old,

Or let me die!

The Child is father of the Man;

And I could wish my days to be

Bound each to each by natural piety.

내 가슴은 벅차올라

윌리엄 워즈워스

하늘에 뜬 무지개를 보면
내 가슴은 벅차올라-
아기일 때도 그랬고
어른이 된 지금도 그렇고
늙어서도 그러면 좋겠어.
아니면 죽는 게 낫지!
아이는 어른의 아버지-
부디 나의 하루하루가
자연의 경외심으로 엮이기를.

30여 년 전, 1학년 1학기 영문학 개론 수업에서 처음으로 배운 시다. '무지개'라는 별칭으로도 알려진 이 시 *내 가슴은 벅차올라*는 난이도 별 하나 정도로 쉬우면서 짧고, 그러면서도 넘쳐흐르는 강렬한 감정과 자연을 향한 동경이라는 낭만주의의 두 가지 큰 방향성을 다 보여준다. 게다가 이론적으로도 낭만주의의 시작이자 선언으로 꼽히는 《서정 민요집》의 저자 워즈워스(콜리지와 공동 저자)의 시가 아닌가! 처음 배우는 시로 제격이다. 그러나 선생의 이 완벽한 선택을 제자는 제대로 받아들이지 못했다.

'아니 무슨 동시야? 무지개를 보고 가슴이 뛰었다고? 아이처럼 계속 그렇게 살았으면 좋겠다고? 이게 끝?' 쉬워서 좋긴 했지만, 감동이 전혀 없었다. 연애에 미쳐 있던 시기인데 사랑이 주제가 아니어서 그랬을 수도 있다. 모름지기 낭만주의라면 사랑에 살고 죽는 이야기가 나와야 한다는 편견이 있었다.

앞서 본 키츠와 바이런이 삶과 작품 모두 극단적이고 격렬했다면, 워즈워스는 평화롭고 경건하다. 그는 시골에 사는 평민들이 쓰는 소박하고 친근한 언어가 시어로 가장 적합하다고 믿었다. 단어 선택뿐만 아니라 표현과 기교도 복잡해지지 않게 애썼다. 그래서 그의 시는 대부분 해석도 쉽고 외우기도 쉽다. 시험 공부할 때 쉬어갈 수 있게 해준 은인이기도 했다.

중고등학생도 충분히 해석하고 음미할 수 있는 이 시에서 유일하게 논쟁적인 부분은 가장 자주 인용되는 'The Child is father of the Man'이라는 문장이다. 번역은 간단한데, 어째서 아이가 어른의 아버지라고 했을까? 소파 방정환 선생처럼 각별히 어린이를 아껴서일까? 몇 가지 해석이 가능하다.

먼저 전생론이다. 워즈워스는 전생을 믿었다. 인간은 모두 전생에서 신의 은총을 입는데, 현세에 오면서 전생의 기억은 상당 부분 잃어버리고 그나마 아이일 때 신의 영광이 어느 정도 묻은 상태라는 것이다. 그는 나이 들어 어른이 되면서 아이에게 남아 있던 영광의 빛이 흐려진다고 생각했다. 따라서 아이가 어른의 아버지라는 역설이 가능해지는 것이다.

두 번째로 타락 이론이다. 자연 상태이자 선한 존재인 어린이에서 점점 어른이 되는 과정에서 세속적인 타락이 일어난다는 주장이다. 그러므로 아이가 어른에게 배우는 것이 아니라 어른이 아이에게서 자연의 순수를 배워야 하며, 같은 논리로 아이가 어른의 아버지가 되는 셈이다. 이 해석은 매일 자연을 경외하는 마음으로 살고 싶다는 마지막 부분과도 자연스럽게 이어진다.

뭐, 이외에도 다른 해석이 가능하다. 문학 작품의 해석이란 시험을 앞둔 학생이 아닌 다음에야 얼마든지 자기 마음대로 할 수 있으니까.

무지개를 보고 가슴 뛰는 동심을 유지하지 못할 바엔 죽는 게 낫다고 한 워즈워스는 1770년 4월에 태어나 1850년 4월에 세상을 떠났으니 당시 사람으로는 드물게 꼬박 여든까지 천수를 누린 셈. 그의 생애를 잠시 살펴보자. 워즈워스는 어릴 때 부모님을 모두 잃고 홀로 친척 집에 맡겨졌다. 어린 시절은 멸시와 고독으로 가득했다고 알려져 있다. 대학에 들어가서도 특별한 기록은 없는데 유럽을 여행하고 프랑스혁명을 접하면서 시인으로서 소명을 깨달았다고 한다.

워즈워스가 등장하기 전까지 영국 문학계는 신고전주의 혹은 18세기 고전주의라고 부르는 사조가 유행했다. 형식미를 중요시하고 교훈적이거나 풍자적인 내용이 대부분이었다. 이에 대한 반동으로 워즈워스는 콜리지와 함께 《서정 민요집》을 발표하며 서문에 낭만주의의 토대가 되는 선언을 담았다. "평범한 삶에서 소재를 선택하고 일상적인 언어를 사용하되 그런 소재와 언어를 시인의 상상력을 통해 예술로 승화시켜야 한다."

좋은 시는 '강렬한 감정의 자발적인 넘쳐흐름'이어야 한다는 정의도, 대자연을 노래하고 동경하는 것이 시인의 의무라는 주장도 서문에 등장한다. 결과적으로 《서정 민요집》은 영문학뿐만 아니라 유럽 문화 전반에 영향을 끼친 책이 되었다.

그는 1799년에 호숫가 근처에 정착하고 전원생활을 하며 여생을 보냈다. 그래서 '호반의 시인'이라는 별명도 있다. 30대 후반에 중요한 작품 활동은 마무리되지만, 그의 명성은 침착하고 조용한 성격처럼 조금씩 더 알려져 1843년에는 시인으로서 최고 영예인 계관시인poet laureate이 되었다. 왕실에서 임명하는 시인으로서 영국 왕실의 주요 행사에 시를 짓고 읊는 일을 하다가 1850년에 사망했다.

이제 다음 작품을 보자. *아주 어린 시절 추억에서 찾은 영원불멸의 예고들에 바치는 송가*라는, 정말 번역하기 힘든 제목의 시 일부(58행에서 70행까지)다. 원어로는 *Ode: Intimations of Immortality from Recollections of Early Childhood*인데, 영미권 사람들도 긴 제목이 부담스러워 그냥 **영원불멸의 송가**Immortality Ode로 줄여 부르는 경우가 많다. 원문과 함께 읽어보자.

> Our birth is but a sleep and a forgetting:
> The Soul that rises with us, our life's Star,
> Hath had elsewhere its setting,
> And cometh from afar:

Not in entire forgetfulness,

And not in utter nakedness,

But trailing clouds of glory do we come

From God, who is our home:

Heaven lies about us in our infancy!

Shades of the prison-house begin to close

Upon the growing Boy,

But He beholds the light, and whence it flows,

He sees it in his joy;

태어난다는 건 잠과 망각일 뿐

우리 생명의 빛, 우리와 함께 떠오르는 영혼은

다른 곳에서 이미 저문 적 있으며

먼 곳에서 온다.

우리는 완전히 잊히지 않았고

완전히 헐벗지도 않은 상태로

우리의 집과도 같은 신으로부터

꼬리를 드리운 구름 같은 영광으로 태어난다.

유아기에는 천국이 우리 곁에 있는 것이다!

소년이 크면서

감옥의 그늘이 서서히 닫히지만

그는 빛을 바라보고

빛이 흐르면 기쁨에 차오른다.

처음에 소개한 시 **내 가슴은 벅차올라**에서 엿볼 수 있었던 전생과 현생의 개념이 완벽하게 설명되어 있는 구절이다. 자칫 개념적으로만 흐를 수 있는 주제를 하늘에 길게 늘어선 구름의 이미지로 형상화했다. 자라면서 순수를 잃어가던 소년이 문득 자연의 빛을 바라보며(아마도 전생의 영광을 떠올리며) 기쁨에 차오른다는 부분도 멋지다. 다른 낭만주의 시인들에 비교해 성정도 작품 세계도 잔잔하고 온화한 워즈워스의 시 중에서 꽤 박력 있는 편. 원문과 함께 조금 더 읽어보자.

What though the radiance which was once so bright

Be now for ever taken from my sight,

Though nothing can bring back the hour

Of splendour in the grass, of glory in the flower;

We will grieve not, rather find

Strength in what remains behind;

In the primal sympathy

Which having been must ever be;

In the soothing thoughts that spring

Out of human suffering;

In the faith that looks through death,

In years that bring the philosophic mind.

한때 그토록 밝았던 광채가

이제 눈앞에서 영원히 사라진다 한들 어쩌겠어.

초원의 빛과 꽃의 영광이 함께한 시간은

무슨 수를 써도 되찾지 못할 테지만

우리는 슬퍼하지 않고

남아 있는 것에서 오히려 힘을 찾을 거야.

지금까지 있었고 앞으로도 계속 존재할

내재된 공감 능력에서,

인간의 고통으로부터 솟아나는

긍정적인 생각 속에서,

죽음을 꿰뚫어 보는 신념에서,

철학자의 마음을 길러주는 세월에서.

영원불멸의 송가는 워즈워스의 정수로도 평가되는데, 11연 206행으로 이뤄진 장시다. 이 중 지금까지 가장 많이 인용된 부분은 **초원의 빛**이라는 제목으로 번역된 일부다. 'splendour in the grass'라는 구절의 번역은 '초원의 빛'이 워낙 익숙하다.

초원이라기보다는 '풀밭'이나 그냥 '풀' 정도가 적절할 것 같은데 이제 다른 번역이 어색할 정도로 귀에 익어버린 터라 이것저것 시도해보다가 그냥 초원의 빛으로 번역했다.

시의 전반부에는 우리가 태어날 때 지니고 있던 '찬란한 비전'이 사라지는 아쉬움을 담고 있다. 문명의 발전으로 우리가 자연으로부터 멀어지고 있는 세태를 안타까워하는 내용도 있다. 후반부로 접어들며 아쉬움을 수용하고 극복하는 내용이 나온다. 위에 인용한 '초원의 빛' 구절은 상실 뒤 복원의 노래이며 절망 뒤 희망의 노래인 것이다.

키츠나 바이런의 시가 부담스럽다면 워즈워스가 딱이다. 영문학을 한번 읽어봐야겠다는 초심자에게도 좋다. 물론 해석이 쉽다고 수준이 떨어지는 건 아니다. 귀에 쏙 들어오는 쉬운 노래를 만들기가 어렵고 골프도 힘 빼고 치기가 어렵고 음식도 담백한 맛이 최고인 것처럼, 워즈워스의 시는 쉬워서 더 위대하다. 이런 특징이 가장 잘 드러난 시 수선화*Daffodils*의 두 연을 원문과 함께 읽어보자.

I wander'd lonely as a cloud

That floats on high o'er vales and hills,

When all at once I saw a crowd,

A host, of golden daffodils;

Beside the lake, beneath the trees,

Fluttering and dancing in the breeze.

Continuous as the stars that shine

And twinkle on the Milky Way,

They stretch'd in never-ending line

Along the margin of a bay:

Ten thousand saw I at a glance,

Tossing their heads in sprightly dance.

계곡과 언덕 위에 떠 있는

한 조각 외로운 구름처럼

혼자 돌아다니다 봤어.

호숫가 나무 아래

산들바람에 흔들흔들 춤추는

황금수선화 무리를.

은하수에서 빛나고 반짝이는 별들처럼

계속 또 계속

물굽이를 따라 끝없이 이어진

황금수선화.

딱 봐도 수천 송이가

신나서 머리 흔들며 춤추고 있더라.

　한 폭의 수채화 같은 시에 굳이 내용적인 설명은 군더더기가 될 뿐. 영어의 맛을 느끼며 한 번이라도 더 원어로 읽어보는 것이 훨씬 좋을 것이다. 암송해보면 더 좋다. 처음부터 시 전체를 통째로 다 외우기가 부담스럽다면, 이 시를 부르는 또 다른 제목이기도 한 첫 행 'I wander'd lonely as a cloud'만 외워도 좋다. 눈을 감고 수선화 가득한 들판 위를 산책한다고 생각해보자. 머리 위로는 조각구름 하나 떠 있고. 그런 상상과 함께 이 구절을 천천히 암송하다 보면 마술처럼 마음이 차분해진다. '아이 원더드 론리 애즈 어 클라우드… 아이 원더드 론리 애즈 어 클라우드….'

　이 시는 영시의 운율을 느끼기에 최적화되어 있다. 어려운 단어들이 많고 길이도 긴 영시는 소리 내 읽으며 운율을 느끼기 힘든데, 이 시는 암송 예제로 쓰여도 좋을 만큼 기교적 난이도를 낮추고 운율에 집중했다. 영시의 전통인 압운에 집중해 위의 시를 다시 읽어보자. 1행의 cloud와 3행의 crowd가 짝을 맞추고 2행의 hills와 4행의 daffodils가 짝을 맞춘다. 그리고 5행의 trees와 6행의 breeze까지 완벽하다.

앞에서 소개한 다른 시도 다시 읽어보면서 운율을 찾아내는 재미를 느껴보시기 바란다. 외국어로 된 시를 아무리 잘 번역해도 원어로 읽을 때보다 감동이 줄어드는 이유도 여기에 있다. 소설과 달리 시는 노랫말이기에, 소리 내어 읽지 않으면 노래를 안 듣고 가사만 보는 것과 같다. 영시를 읽을 때는 머리로도, 입으로도, 모두 읽어보자. 힘들면 한두 줄만이라도.

여기까지만 보면 워즈워스는 사회참여에는 일절 관심 없이 신선놀음만 하면서 산 것처럼 보이지만, 사실 나를 포함한 모든 후대 작가는 워즈워스에게 감사해야 한다. 당시만 해도 문학 작품의 저작권 개념이 희박했는데 작가들의 권익을 위해 평생 소리 높였던 선배님이 바로 워즈워스이기 때문이다. 심지어 영국 의회에서는 공산품 특허 비슷하게 문학 작품을 심사하려고 했다. 이에 대해 워즈워스는 지금은 당연한 상식이 되었으나 그때로서는 파격적인 주장을 편다.

"문학 작품이 누군가의 심사를 통해 저작권을 인정받는 일은 옳지 않다. 그 심사를 누가 할 것인가? 문학에 대해 잘 알지도 못하는 사람들이 판단한다면? 문학 작품은 독자들로부터 평가받아야 한다. 인세가 그 평가의 결과다. 또 문학 작품을 빚기 위해 작가가 겪었을 고통을 가족들도 함께 겪었을 것이기에 작가 사후에도 가족들이 인세를 받아야 마땅하다."

그는 직접 총리에게 편지까지 써서 저작권 확보를 위해 싸웠다. 덕분에 몇 번의 법 개정을 거쳐 지금과 같은 저작권법이 탄생하게 되었다. 음원이나 게임, 웹툰 등등 다른 분야의 콘텐츠에 관련된 지식재산권(예전의 지적재산권) 법령도 문학 작품의 저작권법을 기준으로 만들어졌으니, 작가뿐만 아니라 가수, 작곡가, 화가, 만화가, 게임개발자 등등 모든 종류의 콘텐츠 종사자들은 워즈워스에게 빚을 지고 있는 셈이다.

고백하자면, 나는 1학년 1학기 이후 워즈워스를 다시 읽지 않았다. 스무 살 나에게 워즈워스의 시는 귀농한 어르신이 자연 타령하는 소리처럼 들렸고 그 편견이 굳어진 것이다. 시험에 나올 내용만 공부했을 뿐, 제대로 시를 음미해본 적도 없었다. 쉰 살이 되어 이 책을 준비하며 다시 워즈워스를 읽었다. 취향이 어디 가나. 여전히 끌리는 느낌은 없었다. 그러나 가슴을 치는 통탄이 있었다.

워즈워스가 여생을 보냈던 호숫가 마을 같은 바닷가에서 나는 유년기를 보냈다. 태어나서 초등학교 5학년까지 살았으니, 워즈워스가 말하는 동심과 영광의 시기와 일치한다. 서울에 올라온 뒤 나는 도시의 문명과 속도에 빠르게 적응했고, 명절 때 고향에 내려가도 하루만 지나면 빨리 서울에 올라오고 싶었다. 가만히 있어도 나이 들며 점점 사라질 광채를 서둘러

내 손으로 걷어낸 것이다.

워즈워스가 누렸던 초원의 빛과 꽃의 영광처럼 나도 바다의 노래와 산의 품을 누렸는데. 깊은 밤 언덕에 앉아 눈부신 별들을 보며 나만의 별자리 이름을 지어주곤 했는데. 클로버 가득한 풀밭에 누워 하염없이 구름을 바라보며 행복했는데. 바람 불 때마다 이상한 소리가 나는 대나무 숲 앞에 서서 미지의 존재가 휘파람을 불고 있다고 생각했는데.

기억이 더 흐려지기 전에 어린 시절을 담은 소설이라도 써야 할까? 아니다. 그 시간에 워즈워스의 위대한 시를 한 편이라도 더 제대로 읽어봐야겠다.

꼭 사랑해야겠다면

Summum Bonum

Robert Browning(1812~1889)

All the breath and the bloom of the year in the bag of one bee:

All the wonder and wealth of the mine in the heart of one gem:

In the core of one pearl all the shade and the shine of the sea:

Breath and bloom, shade and shine, wonder, wealth, and

−how far above them−

Truth, that's brighter than gem,

Trust, that's purer than pearl,−

Brightest truth, purest trust in the universe−all were for me

In the kiss of one girl.

최고의 선

로버트 브라우닝

한 마리 꿀벌 배에 그해 모든 숨결과 꽃이 모이고
보석 한 점에 광산의 모든 재물과 신비가 맺히고
한 알 진주에 바다의 모든 빛과 그늘이 빚어진다.
숨결과 꽃, 빛과 그늘, 재물과 신비
이것들보다 훨씬 높은 곳에
보석보다 더 빛나는 진실이 있고
진주보다 더 순수한 믿음이 있다.
우주에서 가장 빛나는 진실과 순수한 믿음
내겐 이 모든 것이 한 소녀의 입맞춤에 있었다.

앞서 소개한 시를 쓴 로버트 브라우닝에 대해 이야기하기 전에 엘리자베스 배럿Elizabeth Barrett 이라는 시인을 알아보자.

1806년 영국에서 태어난 그녀는 열다섯 살 때 척추를 다치고, 몇 년 후엔 당시 치료법이 없었던 희귀병까지 걸리면서 시 한부 인생이 되어버린다. 제대로 움직이지 못하고 누워서 생활해야 했던 그녀지만, 열 살이 되기도 전에 호메로스 작품 같은 고전을 라틴어로 읽고 자작시를 쓰고 스무 살에 수필집을 펴낼 정도의 명석함이 있었다. 그녀는 마흔이 다 된 나이에 시집을 출간했는데 상당한 반응을 얻었다.

그리고 얼마 후, 이런 편지를 받는다. "온 마음을 다해 당신의 시를 사랑합니다. 당신의 시는 이제 내 일부가 되었습니다. 그리고 당신을 사랑합니다."

어릴 때부터 두문불출했던 그녀를 봤을 리도 없는데 오직 시만 읽고 이런 사랑 고백을 한 사람은 로버트 브라우닝이라는 당시 무명 시인이었다. 화상통화는커녕 일반 전화도 없던 시절, 둘은 얼굴도 못 보고 그렇게 편지만 주고받는데, 나중에 그 수가 570통(!)이 넘어갔다. 로버트는 그녀를 직접 보고 싶다고 애원했지만, 엘리자베스는 차마 그럴 수가 없었다. 스스로 못생겼다고 여겼고, 나이도 로버트보다 여섯 살이나 더 많은 서른아홉이었으며, 장애가 있는데다 수명이 길지 못할 거라는 선고까지 받았으니. 그녀는 이렇게 로버트를 거절했다. "저에게 봐줄 만한 건 아무것도 없어요. 당신에게 해줄 이야기도 없어요. 제가 쓴 시가 꽃이라면 제 나머지는 흙과 뿌리일 뿐이에요."

하지만 로버트는 포기하지 않았다. 결국 그녀가 누워 있는 방에 찾아와 첫 만남이 이루어졌다. 그 순간을 회고하며 엘리자베스는 이렇게 썼다. "로버트는 내 방에 들어왔고, 떠나지 않았다."

가늠하기 어려울 정도의 난관을 극복한 만남이었지만, 주변의 시선과 집안의 반대가 그들을 가로막았다. 그녀가 마흔이 되던 해, 둘은 증인으로 참석한 친구와 하녀 외에 아무도 모르는 결혼식을 올리고 조국을 떠나 이탈리아로 향했다.

그런데 기적이 일어났다. 금방 죽어도 이상하지 않을 거라고 했던 그녀의 건강이 놀랍도록 회복된 것이다. 그리고 기적처럼 아이까지 낳았다. 무명이었던 로버트도 멋진 시들을 발표해 유명해졌다. 엘리자베스는 자기가 쓴 시를 깜짝 선물처럼 남편 호주머니에 넣어주곤 했는데, 아 눈물겹다. *당신이 나를*

꼭 사랑해야겠다면 *If Thou Must Love Me*이다.

당신이 나를 꼭 사랑해야겠다면
오직 사랑만을 위해 사랑해주세요.
당신과 같은 생각을 가졌다거나
어느 날의 좋은 기억만으로
'난 그녀의 미소를, 외모를, 부드러운 말투를 사랑해'
이렇게 말하지 말아주세요.
그런 것들은 그냥 저절로 변할 수 있고
그대를 따라 변할 수도 있답니다.
그렇게 만들어진 사랑은 그렇게 깨질 거예요.
내 뺨의 눈물 닦아주는 연민으로도 사랑하지 마세요.
당신의 위로를 받다 보면 우는 법을 잊을 텐데
그러다 당신 사랑까지 잃으면 어떡해요.
대신 오직 사랑만을 위해 사랑해주세요.
계속 사랑하여 영원한 사랑에 이를 수 있도록.

우는 자신을 달래주느라 사랑하지 말란다. 당신에게 사랑받다 보면 우는 법을 잊을 텐데 그러다 사랑마저 잃을까 봐 겁난다고. 감성도 대단하고 이 감성을 다치지 않게 시에 담아낸 실력도 대단하다.

본인도 시인이었던 로버트 브라우닝은 아내의 시가 자기 혼자 누리기엔 너무 아깝다고 판단했다. 결국 팔불출 로버트는 '셰익스피어의 소네트와 비교될 만큼 아름답다'는 엄청난 추천사와 함께 아내의 시를 묶어 시집으로 출간했다. 그의 판단은 틀리지 않아, 엘리자베스 브라우닝은 생전에 남편보다 더 유명해졌다.

그녀의 명망이 어느 정도였냐면 앞서 본 워즈워스가 사망한 후 뒤를 이을 계관시인 후보가 될 정도였다. 그녀와 경쟁하던 앨프리드 로드 테니슨Alfred Tennyson, 1st Baron Tennyson이 계관시인의 영예를 차지했지만(테니슨의 시는 뒤에서 살펴보기로 하자), 여성 차별이 횡행하던 시대였음을 감안하면 그녀의 위상을 짐작할 수 있다. 참고로 영국 최초의 여성 계관시인은 이로부터 100년이 훨씬 더 지나 2009년이 되어야 탄생한다. 영국은 이미 16세기부터 여왕을 섬긴 나라여서 남녀평등이 일찍부터 이루어졌을 것 같지만, 다른 나라들과 마찬가지로 여성 참정권조차 20세기 들어와서야 보장되었다.

남편 로버트의 헌신적인 사랑이 엘리자베스의 천재성을 만개시킨 것 같기도 하다. 덕분에 우리는 이토록 아름다운 사랑 노래를 음미하고 있으니, 브라우닝 부부에게 감사할 뿐.

아, 감사해야 할 일이 또 있다. 워즈워스가 제대로 된 저작권법 제정에 공헌했다면, 엘리자베스 브라우닝은 여성 권리 신장을 위해 애썼다. 당시로서는 보기 드문, 일과 사랑을 모두 쟁취하는 강한 여성을 주인공으로 내세운 운문소설 《오로라 리Aurora Leigh》는 페미니즘 운동을 태동시킨 주요 저작 중 하나로 평가받는다.

어린아이들을 착취하던 노동 현실을 고발하는 데도 그녀는 목소리를 아끼지 않았다. 산업혁명이 제일 먼저 시작된 영국의 아동노동 실태는 비참함 그 자체였다. 하루 종일 열악한 환경의 공장에서 기계처럼 소모되었는데, 몸이 작아야 가능한 굴뚝 청소에 동원된 네다섯 살 아이들은 떨어져 죽고 끼어 죽고 불타 죽은 일이 부지기수였다. 찰스 디킨스가 《올리버 트위스트》에서 그랬던 것처럼, 엘리자베스 브라우닝도 제목에서부터 분노가 느껴지는 시 *어린이들의 외침*The Cry of the children을 써서 아동 노동법 제정에 힘을 보탰다.

다시 그녀의 본령인 사랑 시로 돌아오자. *당신이 나를 꼭 사랑해야겠다면*과 함께 자웅을 겨룰 만한 러브 소네트 *당신을 어떻게 사랑하느냐고요?How Do I Love Thee?*를 원문과 함께 읽어보자.

How do I love thee? Let me count the ways.

I love thee to the depth and breadth and height

My soul can reach, when feeling out of sight

For the ends of being and ideal grace.

I love thee to the level of every day's

Most quiet need, by sun and candlelight.

I love thee freely, as men strive for right;

I love thee purely, as they turn from praise.

I love thee with the passion put to use

In my old griefs, and with my childhood's faith.

I love thee with a love I seemed to lose

With my lost saints. I love thee with the breath,

Smiles, tears, of all my life!; and, if God choose,

I shall but love thee better after death.

당신을 어떻게 사랑하느냐고요? 한번 세어보죠.

존재의 목적과 완벽한 은총을 향해

보이지 않을 만큼 아득하게 뻗은 내 영혼,

그 최대의 높이와 넓이와 깊이만큼 당신을 사랑합니다.

매일매일 하느님께 기도 드리고 싶은 마음만큼

밤낮으로 당신을 사랑합니다.

올바로 살기 위해 애쓰는 사람들처럼 자발적으로,

그들이 찬사를 사양하듯 순수하게 당신을 사랑합니다.

오래된 슬픔에 쏟은 격정과

어린 시절의 믿음으로 당신을 사랑합니다.

돌아가신 성인들과 함께 떠나보낸 줄 알았던 사랑으로

당신을 사랑합니다.

생애 모든 숨결과 미소와 눈물로 당신을 사랑합니다.

신이 원하신다면, 죽어서 더 당신을 사랑하겠습니다.

이탈리아에서 쓴 엘리자베스 브라우닝의 소네트 두 편이 먼저 읽은 영시들과 다른 느낌이 든다면, 당신에게 문학적 감각이 있다는 뜻이다. 이 책 뒤에서 소개할 셰익스피어식 소네트, 즉 영국식 사랑 노래는 비유를 통해 흠모를 드러내는데, 이탈리아식 소네트는 거침없고 과장된 직설법으로 사랑을 표현하는 차이가 있기 때문이다.

이 시는 그다지 어려운 기교가 없는데도 번역에 며칠이 걸렸다. 딱 두 군데를 확신할 수 없었다. 먼저 5행과 6행이다. "I love thee to the level of every day's/ Most quiet need, by sun and candlelight."

'every day's most quiet need'를 직역하자면 '일상의 가장 조용한 필요'가 될 텐데 그 자체로 이해할 수 없으니 의역해야 한다. 혼자 끙끙 앓다가 다른 번역을 찾아봤는데 대부분 애매

모호하게 넘어갔다. '일상의 가장 조용한 순간에' '매일의 고요한 필요에 이르기까지' '일상의 가장 평온하고 필요한 것만큼' 등등.

꽤 이름난 번역가의 해석조차 동의가 어려웠다. 영문학 전공자들 외에도 우리말을 할 줄 아는 외국인을 포함해 여러 사람에게 자문을 구해봤지만 헛수고였다.

마지막으로 존경하는 장영희 선생님의 번역을 찾아보았다. 엘리자베스 브라우닝과 마찬가지로 장애와 거듭된 암 투병에도 불구하고 문학의 숲을 거니셨던 위대한 학자이기에, 이 작가만큼은 더 몰입하여 번역하셨을 거라고 기대하며. 장 선생님의 번역은 이랬다. "햇빛과 촛불 아래/ 일상의 그지없이 조용한 필요에 따르듯이 당신을 사랑합니다."(《사랑할 시간이 그리 많지 않습니다》, 샘터, 2014)

최대한 직역에 가깝게 번역해놓으셨다. 어렴풋하게라도 이해되면 받아들일 수 있을 텐데 시적 상상력이 부족한 나는 무슨 뜻인지 도통 감이 오지 않았다. 계속 고민이 이어졌다. 'most quiet need'가 뭘까?

며칠 후 이런 생각에 이르렀다. 일상의 가장 고요한 필요라면…, 잠을 자고, 숨 쉬고, 밥 먹고, 생계를 위해 일하는 등등 꼭 필요하면서도 너무 당연해서 언급하지도 않는 행위들이 아닐까? 당신을 사랑하는 행위도 마찬가지라고. 그렇게 나만의 해석을 일단 마무리했다. "매일매일 가장 당연히 필요한 것들만큼/ 밤낮으로 당신을 사랑합니다."

이렇게 써놓고 몇 달 동안 틈틈이 들여다보다가 이런 생각이 들었다. 시인의 삶도 그렇고 이 시도 그렇고 종교적 색채가 완연한데, 일상의 가장 고요한 필요는 하느님께 올리는 기도가 아닐까? 그렇게 옮겨놓고 보니 상당히 자연스럽다. "매일매일 하느님께 기도 드리고 싶은 마음만큼/ 밤낮으로 당신을 사랑합니다."

완전히 빗나간 해석일 수도 있지만, 퇴고를 하는 지금까지 이게 최선이라고 생각한다.

이렇게 아름다운 시를 주고받으면서, 브라우닝 부부는 이탈리아에서 15년을 살았다. 그들이 함께한 마지막 순간은 (아마도 남편에 의해) 꽤 자세하게 남아 있는데, 아내 엘리자베스의 건강이 급속도로 나빠졌던 어느 날 밤 부부는 꼭 껴안고 잠자리에 들었다고 한다. 때는 새벽 3시. 잠에서 깬 엘리자베스가 말했다. "나의 로버트, 나의 천국, 나의 연인이여. 우리 삶은 하느님 손에 있어요My Robert, my heaven, my beloved. Our lives are held by God." 남편은 흐느끼며 물었다. "편안해요?"

아내가 남긴 마지막 말은 이랬다. "아름다워요."

그녀의 시만큼 실제 삶도 눈물겨워, 이미 알고 있던 이야기를 글로 다시 쓰는데도 눈시울이 젖어온다.

사랑을 위해 조국을 떠났던 로버트 브라우닝은 아내가 죽은 후 다시 영국으로 돌아왔다. 그는 28년 동안 재혼하지 않고 창작에 매진했다. 마치 아내가 못다 쓴 시까지 써주려는 듯…. 그렇게 영문학사에서 자신의 위치를 더 끌어올렸다.

참고로, 브라우닝 부부는 시대 구분으로 볼 때 대표적인 빅토리아 시대 작가로 분류된다. 그런데도 낭만주의 시들과 함께 소개한 이유는 여기 소개한 작품들과 그들의 삶이 더없이 낭만적이기 때문이다.

아, 이 챕터를 시작하면서 소개한 시 'Summum Bonum'에 관한 이야기를 해야지. 제목이 좀 어려운데, 라틴어로 '최고의 선善' '궁극의 선'이라는 뜻이다. 문학보다는 윤리학에서 많이 사용되는 용어다. 여러 철학자가 최고의 선이 무엇인지에 대해 이야기했는데, 아리스토텔레스의 주장은 이러하다. 인간이 행하는 선 가운데서도 가장 지고하며 모든 행위의 궁극적인 목적이 '최고선'이며 이 개념에 가장 어울리는 것이 '행복'이라고 했다. 로버트 브라우닝도 이 개념에서 시 제목을 인용했을 가능성이 크므로, 이 라틴어 제목은 '가장 좋은 것' 또는 '행복'으로 번역할 수도 있겠다.

우주에서 가장 빛나는 진실과 순수한 믿음
이 모든 것이 나에겐 한 소녀와의 입맞춤에 있었다.

죽기 직전까지 시를 썼던 그는 사망한 해에 마지막 시집을 냈는데 이 시도 그 시집에 있다. 위의 마지막 구절을 보고 당연히 젊은 시절에 쓴 시라고 생각한 분들은 제대로 허를 찔렸을 터. 그렇다. 이 남자는 아내를 먼저 보내고 30년 가까운 세월을 혼자 살다가 죽음을 목전에 앞두고도 '궁극의 선' 혹은 '행복'이 오래전 아내와의 입맞춤에 있다고 노래하는 천하제일 팔불출인 것이다. 세상에 이런 커플이 또 있을까?

위선과 결함, 기쁨과 위안

My mistress' eyes

William Shakespeare(1564~1616)

My mistress' eyes are nothing like the sun;

Coral is far more red than her lips' red;

If snow be white, why then her breasts are dun;

If hairs be wires, black wires grow on her head.

I have seen roses damasked, red and white,

But no such roses see I in her cheeks;

And in some perfumes is there more delight

Than in the breath that from my mistress reeks.

I love to hear her speak, yet well I know

That music hath a far more pleasing sound;

I grant I never saw a goddess go;

My mistress, when she walks, treads on the ground.

And yet, by heaven, I think my love as rare

As any she belied with false compare.

그녀의 눈은

윌리엄 셰익스피어

그녀의 눈은 전혀 태양 같지 않고
입술은 산호보다 훨씬 덜 붉지.
눈을 희다고 한다면 그녀의 가슴은 검은 편
머리카락이 실이라면 그녀 머리에 자라는 건 검은 실.

나는 분홍 장미, 붉은 장미, 흰 장미를 다 봤는데
그녀의 뺨에서는 그런 장미를 볼 수 없어.
그리고 어떤 향수는 그녀의 입김보다
더 좋은 냄새가 나지.

그녀의 목소리는 듣기 좋지만
음악에 훨씬 좋은 소리가 있지.
장담컨대 여신이 걷는 모습은 못 봤는데
그녀는 걸을 때 땅을 밟지.

그러나 하늘에 맹세컨대 내 사랑은
거짓 비유로 꾸며진 그 어떤 여인보다 귀하지.

이제 소네트Sonnet를 읽어보자. '사랑 노래'라는 뜻으로 알고 있는 사람도 있을 텐데, 셰익스피어가 만들어낸 영시의 한 장르다. 이탈리아에서 유행하던 소네토Sonetto(주로 사랑을 소재로 하는 14행 시)가 영국에도 들어와 큰 인기를 끌고 있었다. 소네토의 틀을 완성한 이탈리아의 시인 프란체스코 페트라르카의 이름을 따 페트라르카 소네트Petrarchan sonnet라고도 불리는데, 이탈리아식 소네트는 셰익스피어가 등장하기 전까지 영문학의 주류를 넘어 거의 전부라고 해도 과언이 아니었다.

긴 세월 동안 아무도 변화를 추구하지 못한 탓에 감정 과잉과 뻔한 표현들이 지겹도록 반복된 이탈리아식 소네트의 인기가 식어갈 무렵, 셰익스피어가 등장했다. 그는 내용과 형식 모두 새로운 장르로 재탄생시켰고, 이를 영국식 소네트English Sonnet 혹은 셰익스피어 소네트Shakespearian Sonnet로 부른다. 누구에게 바친 시인지 대상도 모르고 제목도 없다. 그래서 번호로 부르거나 종종 첫 행이나 첫 구절을 제목처럼 부르기도 한다. 앞서 소개한 시는 130번 소네트인데 *그녀의 눈은*이라는 제목으로도 부른다.

원문은 행을 띄지 않았는데 번역하면서 4개의 연으로 구분한 이유는, 셰익스피어 소네트가 가진 4행짜리 덩어리가 3번 반복되고 마지막 2행에서 반전 혹은 결론이 맺어지는 형식을 극대화해서 보여주기 위해서다. 진부한 표현을 비웃으면서도 사랑하는 대상을 드높이는 통쾌한 사랑 시랄까. 과한 클리셰로 범벅이 되어가던 당시 문학계를 일깨우는 느낌이다.

이탈리아 소네트와 영국 소네트의 형식적인 차이는 전공자가 아니라면 머리 아프게 느껴질 수 있으므로 아주 간단히만 살펴보자. 이탈리아 소네트는 'octave + sestet' 구조를 이루며 abbaabba + cdecde(또는 cdccdc) 식의 압운을 따르고, 영국 소네트는 'quatrain + quatrain + quatrain + couplet' 구조에 abab + cdcd + efef + gg 식의 압운을 지킨다. 더 궁금한 분이 혹시 있다면 쉽게 검색 가능하니 공부해보시길.

둘의 내용적 차이는 흥미롭다. 이탈리아 소네트는 시의 대상(주로 여성)을 여신이나 천사 같은 존재로 찬미하고 외모부터 동작과 성품까지 모두 과장해 표현한다. 그대는 미의 여신이고 그대의 눈은 태양처럼 빛나고 그대의 입술은 산호와 같이 붉고 그대의 피부는 백옥처럼 희고 그대의 뺨은 장밋빛이고 그대의 걸음은 땅 위를 날아다니는 듯…. 셰익스피어는 이런 식의 작법을 완전히 뒤집는 시를 선보였다.

셰익스피어는 150편이 넘는 소네트를 남겼다. 아마 그중 가장 널리 사랑받는 소네트는 18번 *그대를 여름날에 비유하면 될까요?*<small>*Shall I compare thee to a summer's day?*</small>일 것이다. 시 전체에 넘실대는 낭만주의적 기운 때문인지 이 시를 처음 만난 것도 셰익스피어 수업이 아닌 영문과 1학년 낭만주의 시 수업이었다. 하긴 낭만주의 시인들도 소네트를 많이 쓰곤 했다.

연인을 무한 찬미하는 이탈리아 소네트의 전통이 아직 남아 있는 초기작이 셰익스피어 대표 소네트처럼 여겨지는 것은 아이러니하지만, 좋은 걸 어떡하나. 원문과 함께 읽어보자.

Shall I compare thee to a summer's day?

Thou art more lovely and more temperate:

Rough winds do shake the darling buds of May,

And summer's lease hath all too short a date:

Sometime too hot the eye of heaven shines,

And often is his gold complexion dimm'd;

And every fair from fair sometime declines,

By chance, or nature's changing course, untrimm'd;

But thy eternal summer shall not fade,

Nor lose possession of that fair thou ow'st;

Nor shall death brag thou wand'rest in his shade,

When in eternal lines to time thou grow'st:

So long as men can breathe or eye can see,

So long live this, and this gives life to thee.

그대를 여름날에 비유해도 될까요?

그대는 그보다 더 사랑스럽고 온화하죠.

거친 바람이 5월의 꽃봉오리를 떨구고 나면

여름이라는 계절의 계약 기간은 너무나 짧아요.

천국의 눈은 때로 너무 뜨겁게 빛나고

가끔은 금빛 피부가 어두워지기도 하죠.

세상의 모든 아름다움은 우연 혹은 자연의 변화로

언젠가 시들고 흐트러지기 마련이에요.

하지만 그대가 영원한 시 안에 살아 있는 한

그대의 영원한 여름은 저물지 않습니다.

그대는 아름다움의 소유권을 잃지 않아요.

죽음도 자기 그늘에 그대를 가두었다고 자랑 못해요.

인간이 더 이상 숨 쉬고 볼 수 없을 때까지

이 시는 살아남아 당신에게 생명을 줄 겁니다.

셰익스피어는 사랑하는 그녀를 여름날에 비교했으나 나는 이 시를 여름날에 비교하고 싶다. 읽을 때마다 청량하고 마음이 설렌다. 7월 초의 새파란 아침 같다. 뜻을 음미하며 소리 내어 읽어보자.

어느 정도 영어에 자신이 있는 분들은 꼼꼼히 보면서 직접 번역해봐도 재미있을 듯. 셰익스피어가 언어에 관한 천재적인 감각을 갖고 있었던 덕에 번역의 재미도 클뿐더러 저마다 다른 번역자의 감각을 끄집어낸다. 시중에 나와 있는 어떤 번역을 찾아봐도 위의 내 번역과는 다를 것이다. 특히 11번째 행 'Nor shall death brag thou wand'rest in his shade' 같은 경우는 나와 비슷한 번역을 찾지 못했다.

지금까지 읽어본 시는 전반적으로 행복한 느낌이었는데, 사랑의 쓴맛을 담아낸 시도 읽어보자. 35번이다.

그대가 저지른 일에 더 이상 슬퍼 말아요.
장미도 가시가 있고 은빛 샘도 진흙 바닥이 있으니까.
해와 달도 구름과 일식 월식에 얼룩지고
가장 예쁜 꽃망울에도 징그러운 벌레가 사니까요.

누구나 잘못을 저지르죠. 저도 지금 그러고 있네요.
당신의 무단침입을 비유로 승인해주고 있잖아요.

당신 잘못을 감싸주느라 나 자신을 타락시키고
당신의 죄를 내 죄보다 더 변명해주네요.

당신이 저지르는 관능의 죄조차 일리 있다 해주니
당신을 기소해야 할 내가 당신 변호인이 되어
오히려 나 자신에게 소송을 걸 판이에요.
사랑과 증오 사이에 내전이 벌어진 거죠.

그래요. 나는 그대의 공범이 될 수밖에 없어요.
나를 탈탈 털어가는 다정한 도둑의 공범이라니.

이 거지 같은 사랑. 죽일 놈의 사랑. 불평하면서도 감내하고
마는 갑과 을의 관계는 수백 년 전에도 있었구나.

막상 읽어보니 쓰기만 한 건 아니고 달콤 쌉쌀하다. 고통과
환희와 유머가 한 상 그득 차려져 있다. 정말이지 말의 성찬 아
닌가. 현대적인 감각이 느껴져 조금은 발랄하게 번역해보았는
데, 요즘 노래 가사라고 해도 어색하지 않다. 이 소네트는 33번,
34번과 이후 36번으로도 이어지는 연작인데 셰익스피어와 한
젊은 귀족과의 실제 관계를 시에 담아냈다는 설도 있다.

셰익스피어가 쓴 150편 넘는 소네트는 대부분 유튜브에서
영국 배우들이 낭송한 영상으로 만날 수 있다. 이 글을 쓰는

지금 나도 연극배우의 낭랑한 음성을 듣고 있다. 셰익스피어의 소네트만 모아놓은 책도 많이 나와 있으니 더 보고 싶은 분들은 쉽게 찾아볼 수 있다.

셰익스피어 소네트 이야기만 실컷 했는데, 이탈리아 소네트가 볼품없다고 여겨질까 두렵다. 너무 긴 세월 반복되면서 변질되기 전에는 이탈리아 소네트가 당시 문학의 주류였다. 나도 이번 기회에 처음 읽어봤는데 셰익스피어와 또 다른 울림을 준다. 한 편 읽어보자. 페트라르카의 104번 소네트다.

나에겐 전쟁도 없지만 평화도 없어라,
두렵고, 갈망하며, 타오르면서도 차게 굳어 있지.
하늘에 오르고 또 고요히 대지에 기대 세상을 움켜쥐지만
그 무엇도 얻지 못하지.

놓아주지도 묶어두지도 않은 채 그녀가 나를 가두었다.
노예도 아닌데 올가미에서 벗어나지도 못하니
이것은 죽음도, 사랑도, 자유도, 삶도 아니지.
평범한 위안조차 나에게는 주어지지 않네.

보지 못하면서도 바라보고 말하지 못하면서도 외친다.
사멸을 원하면서도 도움을 갈망하고

자신을 경멸하면서도 다른 이를 사랑하지.

고통을 먹으며 울고 웃는다.

생과 사의 비애가 다르지 않게-

당신 때문에 나는 그렇게 서 있다.

작곡가이자 피아니스트 프란츠 리스트는 페트라르카의 소네트에 크게 감동받아 이 시와 함께 47번, 123번 소네트를 피아노곡으로 만들었다. 지금까지도 많은 피아니스트가 즐겨 연주하는데, 임윤찬이 우리나라 피아니스트로는 최초로 영국 그라모폰 클래시컬 뮤직 어워즈 2관왕에 오른 후 연주하기도 했다. 영상을 쉽게 찾을 수 있으니 음악을 들으면서 시를 읽어 봐도 특별한 경험이 될 것이다. 페트라르카가 임윤찬의 이 공연을 봤다면 벌떡 일어나 박수 쳤을 텐데.

앞에서 본 아름다운 소네트만으로도 셰익스피어는 키츠나 바이런에 견줄 만한 시인으로 추앙받았겠지만, 지금의 대접은 아니었을 거다. 투수와 타자를 겸하는 야구선수 오타니 쇼헤이처럼 셰익스피어는 시인이자 극작가였다는 점이 중요하다. 빈센트 반 고흐는 말했다. "셰익스피어는 얼마나 아름다운가! 누가 또 그만큼 신비로운가? 그의 언어와 기교는 흥분과 황홀감에 떠는 붓과 같다." 제인 오스틴은 "셰익스피어는 모르는 사이에 알게 된다. 그는 영국 헌법의 일부다"라고 했으며, 엘리자베스 1세는 "영국이라는 국가를 모두 넘겨주어야 하는 때가 온다 해도 셰익스피어만큼은 넘겨주고 싶지 않다"고 했을 정도다. 우리나라에서도 찬사가 이어진다. "셰익스피어는 인간의 본성에 관해 그 어느 작가보다도 더 많이 더 잘 말했다. 인간의 위선과 결함을 그린다고 해도 언제나 너그럽고 동정적이었다. 이것이 셰익스피어가 우리에게 기쁨과 위안, 지혜와 영감이 되는 이유다." 전 서울대 영문학과 이경식 교수님의 말이다.

30년 전 영문과에서 유일하게 '작가 이름이 붙어 있는 강의'가 셰익스피어 수업이었다. 요즘은 달라졌는지 궁금해 여러 대학의 커리큘럼을 찾아보고 깜짝 놀랐다. 실용적인 수업들이 늘어나면서 문학 강의가 대폭 줄어서 못내 서운했다. AI 연계수업도 있고, 영화를 비롯한 대중매체와 관련한 수업들도 새로 생겼는데, 빅토리아 시대나 중세 문학은 아예 전공과목에서 빠진 학교도 있었다. 그런데도 셰익스피어 수업만큼은 내가 찾아본 모든 학교에서 건재함을 확인하고 안도감이 들었다. 셰익스피어 수업까지 뺀다면, 영문과라는 이름을 바꾸는 게 맞다.

오타니의 투수 경력이 셰익스피어의 소네트라면, 타자 경력은 희곡에 비유할 수 있을 것이다. 셰익스피어 희곡은 영문학 전체에서 가장 많은 연구와 분석과 재해석이 이루어진 분야다. 논문이나 책은 셀 수도 없이 많고, 각색으로 만들어진 영화만 해도 100편이 훨씬 넘는다. 심지어 우리나라 판소리로도 여러 작품이 만들어졌는데 국립창극단의 〈리어〉는 영국 본토 무대로 역수출되기도 했다. 이런 방대한 담론을 이 작은 책에다 담을 수 없으니 40편에 달하는 희곡 중 딱 두 작품만 추억담을 곁들어 맛보기로 한다.

대학에 입학하자마자 한 살 많은 선배 누나의 꼬임에 빠져 덜컥 산악동아리에 가입했다. 첫 산행은 강원도 두타산이었는데, 서울 남산쯤 생각하고 갔다가 지옥을 맛보고 바로 동아리를 탈퇴했다. 그 뒤로 겁을 먹고 다른 동아리에 못 들어가고 방황하던 중, 매일 어울려 다니던 2학년 선배가 솔깃한 제안을 건넸다. "이번에 4학년 형이 영어연극단 새로 만드는데 같이 할래? 셰익스피어 작품을 한다니까 시험 볼 때 도움 될 거야." "어떤 작품인데요?" "맥베스."

2학년부터 배우는 셰익스피어 수업은 신입생들에게도 악명 높았다. 미리 영어연극으로 셰익스피어 희곡을 예습해놓으면 나중에 편하겠다 싶어 연극단에 가입했다. 내 인생에서 19번째쯤 잘한 선택이었다.

고학번 선배님의 연출 아래 1학년 2학년 단원들은 함께 몸도 풀고 발성도 연습하고 저녁에는 술판을 벌였다. 날씨가 좋을 때는 야외극장에 가서 연습도 하고 바닥에 신문지 깔아놓고 짜장면도 시켜 먹었다. 눈부신 하늘 아래 서툰 청춘들이 웃고 떠들고 먹고 마시던 장면들이 지금도 디지털 사진처럼 손실 없이 기억난다. 그렇게 초반에 우리를 풀어놓은 건 연극의 재미에 푹 빠지게 하려는 연출자 선배의 전략임이 곧 드러났다.

배역을 정하고 본격적인 연습에 돌입하면서 고난의 행군이 시작되었다. 일단 작품을 원어로 다 읽는 일부터 만만치 않았다. 셰익스피어 희곡이 오페라라면 1학년 1학기에 배우던 낭만주의 시들은 동요처럼 느껴질 지경이었다. 그럼 〈맥베스〉가 어떤 작품인지 간략히 보자.

〈햄릿〉〈오셀로〉〈리어 왕〉과 함께 셰익스피어 4대 비극으로 꼽히는 〈맥베스〉의 배경은 스코틀랜드. 막 베하드Mac Bethad 왕의 이야기를 소재로 삼았는데 실제 역사와는 여러모로 다르다는 것을 알고 줄거리를 보자.

스코틀랜드의 용맹한 장군 맥베스는 광야에서 마녀들을 만나 왕이 될 거라는 예언을 듣게 된다. 아내에게 예언을 전해주자, 그녀는 적극적으로 맥베스를 부추긴다. 망설임 끝에 맥베스는 왕을 살해하고 반역을 일으켜 왕위를 찬탈한다.

막상 왕이 되자 불길한 일들이 벌어지고 맥베스는 다시 광야의 마녀들을 찾아가 세 가지 예언을 추가로 듣는다. '파이프의 영주 맥더프를 경계하라. 여자가 낳은 자는 맥베스를 해치지 못한다. 버넘 숲이 궁전으로 넘어오지 않은 한 맥베스는 패배하지 않으리.' 이후 맥베스는 맥더프의 일가를 몰살하는데, 잉글랜드에 있던 맥더프는 화를 면한다.

점점 광기에 사로잡혀 괴로워하면서도 맥베스는 실현 가능성이 없는 나머지 예언을 믿고 안심하려 한다. 하지만 그를 처단하려는 연합군이 버넘 숲의 나뭇가지를 꺾어 위장한 채 성으로 다가오면서 또 하나의 예언이 실현된다. 마침내 칼을 들고 나타난 맥더프에게 맥베스가 말한다. "난 여인이 낳은 자에게는 쓰러지지 않는다. 넌 남자가 낳은 사람이냐?" 맥더프의 대답에 맥베스가 무너진다. "어쩌지? 나는 어머니가 낳기 전에 배를 가르고 나왔는데?" 그렇게 맥베스가 최후를 맞는다는 이야기.

내용은 재미있는데, 대사도 많고 중세 영어만큼 낯설진 않아도 요즘 영어와 상당히 차이가 나서 더 어려웠다. 단 한 글자도 바꾸지 않고 셰익스피어가 쓴 그대로 무대에 올리겠다는 연출의 원칙에 따라 셰익스피어 특유의 장광설을 통째로 외워야 했다. 한참 머리가 잘 돌아갈 때였으니 가능했지, 하루만 지나도 기억이 가물가물해지는 지금은 엄두도 나지 않는다.

그나마 우리 1학년 단원들은 단역이었는데 주연급 배역을 맡은 2학년 선배들의 대사 분량은 엄두가 나지 않는 수준이었다. 선배들이 무대 위에서 멋진 독백을 줄줄 읊는 모습을 감탄하며 지켜봤던 기억이 생생하다. '인생은 걸어 다니는 그림자 Life's but a walking shadow'라는 제목을 달고 한 편의 시처럼 자주 인용되는, 주인공 맥베스의 유명한 독백을 원문과 함께 읽어 보자.

Tomorrow, and tomorrow, and tomorrow,
Creeps in this petty pace from day to day,
To the last syllable of recorded time.
And all our yesterdays have lighted fools
The way to dusty death. Out, out, brief candle!
Life's but a walking shadow, a poor player,
That struts and frets his hour upon the stage.
And then is heard no more. It is a tale
Told by an idiot, full of sound and fury,
Signifying nothing.

내일 또 내일 그리고 또 다른 내일이
하루하루 더딘 걸음으로
운명의 마지막 음절까지 기어간다.

우리의 모든 어제들은 어리석은 자들을 인도했지.

먼지투성이 죽음에 이르는 길로 말이야.

꺼져라, 꺼져라, 다 타버린 촛불이여!

인생은 걸어 다니는 그림자일 뿐.

자기 순서에는 거들먹거리고 돌아다니지만

얼마 안 가 잊히는 무대 위 가련한 배우일 뿐.

인생은 바보 천치가 떠드는 이야기와 같아서

무의미한 소리와 분노로 가득하지.

크으. 누군가의 최후 진술로 이만한 독백이 또 있을까? 욕망에 사로잡혀 살육을 벌이고 권력을 쟁취했으나 마지막 순간 그 모든 것이 부질없음을 깨달았던 이는 맥베스 혼자만이 아니다. 역사 속 수많은 인물이 교훈을 주었으나 우리는 자꾸 잊어버린다. 맥베스 역시 비참한 최후를 예감하고 나서야 인생의 덧없음을 깨닫고 참회하듯 독백하는 것이다.

맥베스 역을 맡은 선배가 무대 한가운데 서서 이 독백을 연습할 때마다 나는 무대 아래에서 작은 소리로 따라서 암송했다. 고백하건대, 지금까지 살아오면서 나 역시 욕망을 좇느라 시간의 대부분을 썼다. 욕망에 잡아먹힐 정도로 위험했던 때도 몇 번 있었는데, 그때마다 맥베스와 이 독백이 떠올랐다. 이 독백은 내 인생의 경고등이 되어준 셈이다. 고마워요,

셰익스피어.

한번 번역 과정도 같이 생각해보자. 초반부는 'creep'의 주어를 'tomorrow'로 잡아야 하고 'To the last syllable of recorded time'의 해석이 관건이다. 녹음기가 발명된 이후의 시라면 'syllable'의 의미가 '녹음된 시간의 마지막 음절'로 훨씬 더 살아날 것 같은데 당시 'record'는 문서 기록으로 한정해야 한다. 나는 창조주 혹은 시간 아버지Father time-Mother nature의 책에 기록된 인간의 수명, 즉 운명으로 해석해보았다.

그다음은 선택의 문제다. 'yesterdays'는 '지난날'로 옮기면 무난할 텐데 나는 앞에서 여러 차례 나온 'tomorrow'와 쌍을 이루기 위해 '어제들'이라는 어색한 직역을 선택했다. 다섯 번째 줄 'dusty death'를 '한 줌 흙이 될 죽음'이라고 옮긴 번역도 여럿 봤는데 과한 의역 같다. 하찮은 최후 정도는 괜찮겠다. 바로 다음에 나오는 'brief candle'도 '덧없는'으로 옮긴 경우가 많던데, 아무리 생각해봐도 많이 타서 짧아져버린 양초의 모습을 묘사한 단어 같아 '다 타버린 촛불'로 번역했다. 이러면 살날이 얼마 남지 않은 맥베스의 처지와도 겹친다.

영어연극 1회 공연은 성공적으로 끝났다. 우리 94학번은 2학년이 되었고 〈맥베스〉를 연출했던 선배는 대학원에 가고 주연급 배역을 맡았던 선배들은 군대에 가거나 고시 공부를 시작했다. 어렵게 시작한 영어연극인데 한 번만 하고 끝내버리기에 너무 아쉬웠던 우리는 뜻을 모아 두 번째 연극을 준비했다. 그리고 역시 셰익스피어의 4대 비극 중 하나인 〈오셀로〉를 다음 작품으로 정했다. 어떤 작품인지 간략히 보자.

베네치아 공국(베니스) 치하의 사이프러스 섬. 피부가 검은 무어인 장군 오셀로는 무공은 뛰어나나 백인들 사이에서 인종차별을 당하는 처지다. 그의 아내이자 백인 귀족 신분인 데스데모나는 피부색과 상관없이 남편 오셀로를 진심으로 사랑한다. 오셀로 역시 아내를 무척 사랑하지만, 마음 깊이 열등감이 도사리고 있다. 이런 심리를 눈치챈 자가 있으니, 오셀로의 부하 이아고. 그의 아내 에밀리아는 데스데모나의 시녀다.

부관 승진에서 경쟁자 캐시오에게 밀린 이아고는 오셀로에게 앙심을 품고 악마의 계획을 실행한다. 교묘한 거짓말과 심리전으로 오셀로를 오해하게 만드는 것이다. 데스데모나가 캐시오와 불륜 관계라고! 이아고의 간악하고 집요한 공작에 무너진 오셀로는 배신감에 열등감까지 더해진 맹렬한 질투에 눈이 멀어 데스데모나를 목 졸라 죽인다.

에밀리아의 폭로로 이아고의 악행이 드러나지만 이미 돌이킬 수 없는 파국이 와버렸다. 자신을 용서할 수 없었던 오셀로는 자결하고 데스데모나의 뒤를 따른다.

맥베스가 도를 넘는 야망 때문에 몰락했다면 오셀로는 질투에 사로잡혀 비참한 지경에 이른다. 얼핏 보면 닮은 것 같지만, 조금만 공부하다 보면 두 작품이 대칭적일 정도로 다름을 알 수 있다.

〈맥베스〉는 웅장하다. 소재부터 반역과 복수라는 거대한 사건이다. 꽤 오랜 시간에 걸쳐 전개되며 등장인물도 많고 대규모 전투도 있다. 반면 〈오셀로〉는 치정극이다. 고작 하룻밤 사이에 벌어지는 일이며 대규모 전투는커녕 결투 장면도 거의 없다. 레이디 맥베스를 위시해 마녀들과 정령까지 맥베스를 부추긴 것에 비해 오셀로는 오직 한 명의 악당에게 기만당한다.

4대 비극 중에서 가장 스케일이 작은 〈오셀로〉가 〈맥베스〉와 〈햄릿〉 〈리어 왕〉과 어깨를 나란히 할 수 있는 이유는 셰익스피어 유니버스 최악의 캐릭터 이아고 덕분이기도 하다. 당시 내가 맡은 배역이었다. 내가 분석한 이아고는 입체적인 인물과는 거리가 먼, 처음부터 끝까지 악을 위해 악을 행하는 희대의 악당이다. 인종차별, 가정폭력, 사기, 기만, 살인… 숱한 악행을 눈 깜짝하지 않고 저지른다. 인간의 몸을 빌려 세속에 나타난 악마 같기도 하다. 이아고 악마설은 "I am not what I am"이라는 그의 섬뜩한 대사로 인해 더욱 그럴듯해 보인다.

하지만 이아고의 날카로운 힐난이나 본질을 꿰뚫는 비유는 정신이 번쩍 들게 해주기도 한다. 욕하면서도 문득 고개가 끄

덕여진다고 할까. 그는 주인공 오셀로를 제치고 가장 많은 대사를 쏟아내는데, 이번에 다시 책을 들춰보니 이 아득한 분량을 내가 어떻게 다 외워 연기했는지 믿어지지 않을 따름.

지금도 자주 인용되는 〈오셀로〉의 명대사를 함께 읽어보자. 위에서 본 맥베스의 독백 못지않게 유명한, 오셀로를 질투의 지옥으로 밀어 넣는 이아고의 대사다.

오 주인님. 질투를 조심하세요.
그놈은 먹잇감을 조롱하는 푸른 눈의 괴물입니다.
마누라가 바람이 난다 해도
팔자를 받아들이고 애정을 거두는 남편은
축복 속에 살 수 있지만요,
의심하면서도 열렬히 사랑하면 저주를 받죠.
가난해도 만족하면 충분히 부자이지만
아무리 부자여도 가난해질까 봐 불안한 사람은
겨울처럼 가난한 법이랍니다.
하느님, 부디 우리 종족 모두의 영혼을
질투로부터 지켜주시옵소서!

듣는 이를 위하는 척하면서 마음에 독을 푸는 대사다. 이 대사가 더 강력해지는 이유는 직전까지 계속 오셀로를 약 올린 다음, 선물이라도 주는 양 들려주는 대사이기 때문이다. 악마의 속삭임인 동시에 질투라는 감정의 본질을 꿰뚫고 있는 아포리즘이기도 하다. 이 세상에 질투 때문에 벌어진 비극이 얼마나 많은가? 겉으로는 대단한 명분을 내세우지만 실상은 마음 깊은 곳에 사는 질투라는 괴물에 휘둘려 엉뚱한 짓을 저지르는…. 그래서 지금도 '푸른 눈의 괴물'은 질투를 뜻하는 표현으로 종종 쓰인다.

당연히 이아고가 이렇게 멋진 대사만 하는 인물은 아니다. 악담과 음담패설이야말로 이아고의 장기인데, 오셀로를 사위로 맞이하게 된 데스데모나 아버지에게 하는 대사를 보자. "어르신의 따님이 아랍 말과 교접하게 생겼네요. 이제 당신 손자들은 말처럼 울 테고 조랑말이 조카가 되고 푸른색 말도 친척이 될 거라는 말입니다."

이에 반해 주인공 오셀로는 세상 물정 모르는 군인이다. 사랑했던 만큼 증오하게 된 그가 잠든 아내의 목을 조르기 직전에 흐느끼는 독백을 읽어보자.

오! 그녀의 향기로운 숨결이
정의의 여신을 설득해 칼을 부러뜨릴 뻔했네.
한 번 더, 한 번 더 키스를.
죽고 나서도 그대가 이런 모습이라면

난 그대를 죽인 후에도 그대를 사랑할 거야.

한 번 더, 이게 마지막 키스야.

이토록 달콤한 것이 이토록 치명적일 수는 없는데.

난 울 수밖에 없지만 이 눈물은 잔인한 눈물이야.

사랑하는 피조물을 벌하는 신이 느꼈던 슬픔이 이럴까?

그녀가 잠에서 깬다.

이 독백 이후 전체 극은 절정으로 치닫는다. 오셀로가 죄를 묻자, 데스데모나는 오직 사랑밖에 없다고 대답한다. 그러자 오셀로가 말한다. 그것 때문에 당신은 죽는다고. 흑이 백을, 악이 선을, 무지가 지혜를, 배신이 믿음을 죽이는 순간이다.

30년 전 기억을 떠올려보면 나는 너무 힘주어 이아고를 연기했고 너무 처절하게 마지막 장면을 연출했다. 어쨌든 연극은 끝났고, '모든 끝난 연극은 성공적이다'라는 말을 이제 와서 내 멋대로 만들어본다.

여러 개의 인공지능에 같은 질문을 해보았다. "인류 역사상 가장 위대한 작가는?"

인공지능은 '주관적일 수 있지만'이라는 단서를 단 후 몇 명의 후보를 제안했다. 톨스토이와 도스토옙스키, 단테, 호머, 세르반테스, 빅토르 위고…. 모든 인공지능이 공통적으로 가장 먼저 올린 이름은 셰익스피어다. 그가 400년 동안 굳건하게 최고의 자리를 지킬 수 있는 비결 중 하나는 세월과 국가의 경계를 지워버리는 보편성이다.

2024년 메이저리그 행크 애런상(최고 타자상) 시상식에서 벌어진 일이다. 퇴근하고 집에서 영상을 보는데, 행크 애런의 아내 빌리 애런 여사가 시상자로 등장했다. 내셔널리그와 아메리칸리그에서 각각 수상자(오타니 쇼헤이와 애런 저지)를 발표하기 전에, 그녀는 몇 년 전 세상을 떠난 남편을 회상하고 그리워하다가 갑자기 〈로미오와 줄리엣〉 속 줄리엣의 독백을 암송하기 시작했다. 그 순간 메이저리그 시상식장이 낭만과 품위가 넘치는 연극 무대로, 여든 살 할머니는 로미오의 죽음을 슬퍼하는 줄리엣으로 변했다. 바로 그 독백으로 셰익스피어 이야기를 마친다.

오라, 상냥한 밤이여 오라.
검은 눈썹의 사랑스러운 밤이여, 내 로미오를 돌려주세요.
그리고 내가 죽거든 그를 데려가 작은 별들로 잘라주세요.
그로 인해 천국의 얼굴은 너무나도 아름다워지고
온 세상은 화려한 태양을 칭송하는 대신
당신과 사랑에 빠질 테니.

혼자 온전히 섬인 사람은 없다

A Valediction: Forbidding Mourning

John Donne(1572~1631)

Our two souls therefore, which are one,
Though I must go, endure not yet
A breach, but an expansion,
Like gold to airy thinness beat.

If they be two, they are two so
As stiff twin compasses are two;
Thy soul, the fixed foot, makes no show
To move, but doth, if the other do.

And though it in the center sit,
Yet when the other far doth roam,
It leans and hearkens after it,
And grows erect, as that comes home.

Such wilt thou be to me, who must,
Like th' other foot, obliquely run;
Thy firmness makes my circle just,
And makes me end where I begun.

이별의 말 – 슬퍼하지 말기를 중 일부

존 던

우리의 두 영혼은 하나이기에
내가 떠난다 해도 그대가 참아야 할 것은
끊김이 아니라 늘어남이야.
얇고 가볍고 두드려 편 금박 같은.

우리 영혼이 둘이라고 해도
튼튼한 컴퍼스 다리와도 같아.
그대의 영혼은 고정된 다리
가만히 있다가 다른 다리가 움직이면 따라 움직이지.

한가운데 있다가도
다른 다리가 멀어지면
그쪽으로 몸과 귀를 기울이고
다른 다리가 돌아오면 다시 곧게 서지.

컴퍼스의 다른 다리처럼 비스듬히 달리는 나에게
그대는 그런 존재야.
그대의 굳건함 덕분에 나는 제대로 원을 그리고
출발한 곳으로 되돌아올 수 있지.

17세기 대표 작가로 꼽히는 존 던은 엘리자베스 1세가 엄혹하게 가톨릭을 탄압하던 때 태어났다. 그의 집안은 친척 몇몇이 순교할 정도로 독실한 가톨릭이었으니, 엘리자베스 치하에서 불리하고 위험한 환경이었다. 존 던이 옥스퍼드와 케임브리지 대학에서 공부하고도 학위를 받지 못한 건 당연한 일.

그 일로 충격을 받았는지, 존 던은 성공회로 개종하고 법학을 공부한다. 이후 여행을 다니며 꽤 방탕한 생활을 했다고 전해진다. 그래서인지 이즈음에 쓴 시를 보면 남녀 간의 사랑을 관능적으로 다룬다. 제목부터 강렬한 **벼룩***The Flea*이라는 시를 읽어보자.

이 벼룩 좀 보세요. 그리고 벼룩을 통해 보라고요.

당신이 나를 거절하는 행동이 얼마나 별로인지.

이놈은 아까 내 피를 빨았는데 지금은 당신 피를 빨아요.

벼룩 안에서 우리 피가 섞인 거죠.

피가 섞였다고 죄지은 것도 아니고 부끄러울 일도 없고

그렇다고 처녀성을 잃은 것도 아니에요.

이놈은 청혼하기도 전에 즐기고

두 사람이 합쳐진 피를 실컷 먹어 배가 불렀죠.

참 나, 이 벼룩이 우리보다 낫네요.

멈춰요. 한 마리 벼룩 안에 사는 생명 셋을 살려주세요.

벼룩 안에서 우리는 결혼, 아니 더한 것을 이뤘어요.

이 벼룩은 그대와 나이며

우리의 신혼 침대이고 예식장이에요.

비록 부모님은 내키지 않아 하고 당신도 그렇지만

우리는 만났고 살아 있는 흑요석 담장 안에 은둔하죠.

그대는 습관적으로 나를 죽이려 하는데 그러지 말아요.

자살까지 추가되어 셋을 죽이는 세 개의 죄로

신성모독이 될 테니까요.

잔인하고 느닷없네요.

벌써 무고한 피로 손톱을 붉게 물들였다고요?

당신 피 한 방울 빨아 먹은 것 말고

이 벼룩이 무슨 죄가 있나요?

아주 의기양양하게 말하네요. 우리 둘 다 무사하다고.

맞아요. 그러니 좀 배우세요.

괜한 두려움이 얼마나 잘못인지.

이 벼룩이 죽으면서 사라진 당신 피만큼

나에게 몸을 허락할 때 정조의 가치도 줄어들었네요.

비유가 너무 대담해 해석이 쉽지 않았다. 처음 읽으면서 '설마 이런 뜻은 아니겠지?' 했던 것들이 결국 그런 뜻임이 확인되어 당혹스럽기도 했다. 이토록 대담했던 존 던의 시는 삶의 굴곡에 따라 다른 경향으로 변한다.

유학 겸 여행을 마치고 영국으로 돌아온 존 던은 국새 담당관 토머스 에저턴의 비서로 사회생활을 시작했다. 존 던은 에저턴의 저택에서 살면서 비서직을 수행했는데 에저턴의 나이 어린 질녀(열네 살에서 열일곱 살까지 기록이 엇갈린다)와 사랑에 빠졌다. 에저턴도 여자 아버지도 반대하는 만남이었으나 1601년 둘은 급기야 몰래 결혼하고 만다.

그 여파는 심각했다. 존 던 본인은 물론이고 둘을 결혼시킨 성공회 사제와 결혼식에 참석한 존 던의 친구까지 투옥될 정도였다. 나중에 결혼이 합법적이라고 인정받아 석방되긴 했지만 존 던의 사회생활은 시작하자마자 꼬여버린 셈이었다. 이후 당연히 경제적 어려움이 찾아왔고 건강도 나빠져 부부는 시골로 내려가 살아야 했다. 존 던은 가족을 먹여 살리기 위해 온갖 일을 하고 여기저기 신세 져야 했다.

고난의 행군이라고 할까? 이 시기 존 던은 종교와 철학에 푹 빠졌다. 시의 주제도 초기와 달리 신앙과 죽음에 대한 성찰이 대부분이다. 이 시기 대표작은 *제 심장을 부숴주세요*Batter my heart인데 'Batter'는 공성전에서 성벽을 무너뜨리는 공격을 말한다. 양옆으로 사람들이 붙어 성문이나 성벽을 부수는 거대한 기둥같이 생긴 무기 이름이기도 하다.

제 심장을 부숴주십시오, 성부 성자 성령의 하느님.

당신은 지금껏 저를 일으켜 세우려고

두드려주시고 숨과 빛을 주시고 고쳐주셨지만

아예 저를 뒤엎어주십시오.

부수고 때리고 불태워

저를 새롭게 만드는 데 힘을 기울여주십시오.

당신을 모시려고 애써보지만

적에게 함락당한 도시처럼 소용없습니다.

당신의 대리인인 이성은 저를 지켜줘야 하는데

포로가 되어버린 걸 보니 나약하고 못 믿겠습니다.

당신을 간절히 사랑하고 또 사랑받기를 원하나

저는 당신의 적과 결혼하게 생겼습니다.

저를 파혼시키고 그 인연을 풀거나 깨뜨려주십시오.

저를 데려가 가둬주십시오.

당신께 예속되지 않는 한 결코 자유롭지 못하고

당신께 겁탈당하지 않는 한 결코 순결할 수 없으니.

과한 표현에 흠칫 놀란 분들도 있을 듯. 존 던에 관해서는 감정이나 표현이 과잉되어 있다는 비판과 기지가 넘치고 독창적이라는 찬사가 모두 있는데, 양쪽 다 일리 있어 보인다. 내 평가는 후자. 특히 마지막 두 행의 형용모순oxymoron은 무척 강렬하다.

가난한 형편에도 아내를 향한 존 던의 사랑은 변치 않았다. 결혼 때문에 모든 것을 잃었는데도, 멀리 출장 갈 때는 절절한 시를 써서 바칠 정도였다. 그 시가 챕터를 시작할 때 소개한 **이별의 말 – 슬퍼하지 말기를**이다. 부부의 관계를 컴퍼스에 비유한 이 시도 그렇고 **벼룩**에서도 그렇고, 존 던의 시는 완전히 생경한 개념들을 결합하고 확장하는 은유법이 압권이다. 덕분에 그는 형이상학파 시인Metaphysical poet으로 불리기도 한다.

정신적인 사랑뿐만 아니라 육체적인 사랑도 대단했는지 이 부부 사이에서는 말 그대로 매년 아이가 태어났는데, 결국 1617년에 아내가 열두 번째 아이를 낳다가 목숨을 잃었다. 이후 존 던은 아예 종교인으로 귀의한다. 열두 명이나 되는 아이들은 어떻게 되었는지 걱정인데, 몇몇 아이들이 죽었다는 기록 외에는 확인하기 어렵다.

아내와 사별한 이듬해인 1618년, 존 던은 케임브리지대학에서 신학 박사 학위를 받고 1621년에 세인트폴 대성당의 수석 사제 자리까지 올랐다. 1631년에 사망할 때까지 그 자리를 지키면서 웅변적인 설교로 유명해졌고 시를 포함해 명상록과 기도문 등등 상당히 많은 양의 저작을 남겼다.

인생 후반기에 접어든 이 시기에 대표적인 작품은 중병에 걸려 일주일 넘게 고열로 시달리다가 죽을 뻔한 고비를 넘긴 후에 썼던 책이다. 《갑자기 발생하는 사태에 대한 묵상Devotions upon Emergent Occasions》(1624)이라는 매우 솔직한 제목의 책인데 이 안에 아주 유명한 작품이 한 편 들어 있다. 훗날 헤밍웨이가 '누구를 위하여 종은 울리나for whom the bell tolls'라는 구절을 따서 소설 제목으로 삼기도 한 '섬 같은 사람은 없다no man is an island'라는 작품이다.

엄밀히 말하면 시가 아닌 산문인데 다들 시처럼 행을 나눠 암송하고 즐기니, 여기서도 그렇게 하겠다. 다만 운율은 없으니 신경 쓰지 않아도 된다. 원문과 함께 살펴보자.

No man is an island, entire of itself;

Every man is a piece of the continent,

A part of the main.

If a clod be washed away by the sea,

Europe is the less,

As well as if a promontory were:

As well as if a manor of thy friend's

Or of thine own were.

Any man's death diminishes me,

Because I am involved in mankind.

And therefore never send to know for whom the bell tolls;

It tolls for thee.

그 누구도 혼자 온전한 섬인 사람은 없다.

모든 인간은 대륙의 한 조각이며

본체의 일부다.

흙덩이가 바닷물에 떨어져 나가면

유럽의 땅은 그만큼 작아지고

어떤 곶串에서도 그런 일이 벌어진다.

당신이나 당신 친구들의 영지에서도 마찬가지.

누군가의 죽음은 나를 줄어들게 만든다.

왜냐하면 나는 인류라는 전체에 포함되어 있기 때문이다.

그러니 누구를 위하여 종이 울리는지 알아보려

사람을 보내지 말라.

그 종은 당신을 위해 울린다.

존 던은 형이상학파 시인답게, 이 글도 삶과 죽음이라는 철학적 관념을 시각적으로 형상화한다. 대륙은 생명의 집합체이며 바다는 사후의 세계다. 우리가 대륙 어디에 속해 있는지는 죽음이 닥쳐와야 알 수 있다. 죽음의 파도 소리가 귓가에 울리고 나서야 이번엔 내 차례인가 싶을 것이다.

젊었을 때 조문을 가는 대상은 대부분 친척 어르신이다. 점점 나이가 들면서, 동료나 선후배, 사촌형제 등등 크게 나이 차가 안 나는 이들의 장례식장을 찾는 경우가 잦아진다. 하물며 지인이 아닌 동시대를 살았던 유명인의 죽음을 볼 때도 이 시를 떠올리면서 '내가 일부를 이루고 있는 거대한 대륙에서 한 덩이 흙이 떨어져 나갔구나' 싶다. 대신 새로운 생명이 태어나니 대륙의 크기는 크게 변하지 않을 것이라고 위안하면서.

사건의 지평선처럼 죽음의 지평선도 있다는 생각이 든다. 나와 인연이 있는 이들 중 살아 있는 사람보다 죽은 사람이 더 많아지는 순간 말이다. 다만 죽음의 지평선을 보기 전에 갑작스럽게 저 세상으로 넘어가는 경우도 있다. 이미지로 치환하자면, 어떤 사람은 죽음의 지평선이 점점 다가오는 것을 보며 걸어가고, 또 어떤 사람은 갑자기 낭떠러지에서 떨어져 죽음이라는 바다에 그대로 빠져버린다고 할까.

그렇다면 가끔이라도 죽음에 대해 생각하면서 사는 태도가 좋을까? 아니면 영원히 죽지 않을 것처럼 사는 게 잘 사는 걸까? 죽음을 대하는 태도에 따라 삶의 방식도 달라진다. 내 경우에는 10대 후반에서 20대 초반까지는 죽음이라는 주제에 대해 정말 많이 생각했는데, 그 후로는 마치 영생을 누릴 사람처럼 살고 있다. 장례식장에서 잠깐 죽음을 떠올렸다가도 나오면 그만이었다. 오랜만에 이 시를 읽고 글을 쓰는 김에 죽음이라는 검은 바다를 잠시 응시해봐야겠다.

존 던은 셰익스피어보다 8년 늦게 태어나 15년 늦게 사망했으니 같은 시대를 산 셈이다. 그러나 부침 없는 삶을 살면서 왕실의 전폭적 지지를 받았던 셰익스피어와 달리, 인생의 희로애락을 극단적으로 겪었고 삶의 굴곡을 따라 작품의 성격도 변화했다. 당시 영국 사회의 다양한 면모를 반영하는 작가이기도 하다.

방탕한 젊음을 보내고 촉망받는 법조인으로 변모하기 직전 운명적인 사랑을 지키느라 모든 것을 잃어야 했던 남자. 지독한 가난과 질병과 맞서 싸우며, 열두 명의 자식과 아내를 먹여 살려야 했던 힘겨운 가장. 가톨릭 순교자 집안의 일원이었으나 성공회 신도로 개종해 수석 사제가 된 종교인. 17세기를 대표하는 위대한 시인이자 설교자이자 철학자. 존 던이었다.

디스토피아에서

A Poison Tree

William Blake(1757~1827)

I was angry with my friend;
I told my wrath, my wrath did end.
I was angry with my foe:
I told it not, my wrath did grow.

And I water'd it in fears,
Night and morning with my tears;
And I sunned it with smiles,
And with soft deceitful wiles.

And it grew both day and night,
Till it bore an apple bright.
And my foe beheld it shine,
And he knew that it was mine.

And into my garden stole,
When the night had veiled the pole;
In the morning glad I see
My foe outstretched beneath the tree.

독나무

윌리엄 블레이크

나는 친구에게 화가 났어.
친구에게 말했더니 분노가 사라졌지.
나는 적에게 화가 났어.
말하지 않았더니 분노가 자라났지.

겁이 나서 분노에 물을 줬어.
밤낮으로 눈물을 뿌리고
햇볕도 쬐어주었지.
미소와 부드러운 속임수도 곁들어서.

그것은 밤낮으로 자라났고
밝은 사과 한 알이 열렸어.
적은 빛나는 사과를 보고
내 것임을 알아차렸지.

밤의 장막이 드리워졌을 때
적은 내 정원에 몰래 들어왔고
다음 날 아침 나는 기뻤어.
나무 아래 나의 적이 뻗어 있었거든.

우리나라에서 영문학 전공자가 아닌 사람들이 알 만한 영시의 절반 이상은 낭만주의 영시다. 낭만주의 경향의 시까지 포함하면 대부분이라고 해도 지나치지 않다. 낭만주의 시대를 아무리 길게 잡아도 50년이 안 된다는 점을 생각해보면, 이 시기가 영시의 황금기다. 물론 영문학 전체로 범위를 넓히면, 일반적으로 엘리자베스 여왕 집권기와 겹치는 16세기 후반부터 17세기 초를 영문학의 황금기라고 일컫는데, 셰익스피어 지분이 90퍼센트이므로 그냥 셰익스피어 시대라는 표현이 더 적절할 테고.

우리는 이미 앞에서 낭만주의 시들을 읽었다. 키츠, 바이런, 워즈워스 그리고 후대 시인들인 하우스먼과 브라우닝 부부의 시들까지 봤다. 영문학에 관심이 많은 독자라면 '왜 이 사람은 안 나오지?' 아쉬워할 것 같다. 지금 당신의 머릿속에서 맴도는 두 명의 시인은 이 챕터를 위해 아껴놓은 것이다.

먼저 윌리엄 블레이크를 소개한다. 런던 출생인 그는 어릴 때부터 신과 유령을 보고 자신이 천재라고 생각하는 괴짜였고, 평생 미친 사람 소리를 들으며 살았다. 미술사에는 '시인이기도 했다'고 기록되고 문학사에는 '화가이기도 했다'고 기록될 정도로 두 분야 모두에서 일가를 이루었지만, 생전에는 어느 쪽에서도 인정받지 못했다. 죽고 나서야 '최초의 낭만주의 시인'이라는 영광스러운 칭호까지 얻었다는 점에서, 평생 무명 화가로 외롭고 가난하게 살다가 죽고 나서야 거장의 반열에 오른 고흐를 보는 듯하다.

블레이크의 재능이 먼저 드러난 분야는 문학이 아니라 미술이었다. 학교를 전혀 다니지 않았음에도 도제식으로 미술을 배워 판화와 삽화를 만들어 생계를 유지할 정도가 되었다. 스물다섯 살에 결혼하는데, 문맹인 아내에게 글과 그림을 가르쳐주고 평생 함께 작업했다. 작품 세계가 범상치 않다. 많은 그림이 남아 있으므로 한번 찾아보시길. 그림이 뿜어내는 에너지만큼은 미술을 잘 모르는 내가 봐도 움찔할 정도로 엄청나다.

시인으로서 블레이크는 산업혁명의 부작용으로 인간이 도구화되고 빈부격차가 극심해지고 도시 노동자의 삶이 비참해지는 과정에 주목했다. 그 당시 영국에서 벌어진 노동 착취의 실상을 알고 나면, 차라리 중세 시대로 돌아가는 게 낫지 않을까 싶은 생각도 든다. 특히 도시가 공장으로 넘쳐나던 시대에 무척 중요한 일이었던 굴뚝 청소에는 대여섯 살짜리 아이들도 동원되었는데 떨어지거나 불타거나 질식해 죽는 일이 부지기수였다. 맨몸으로 까마득한 굴뚝 안을 기어 올라가 검댕을 제

거하는 일에 내몰렸던 어린이를 화자로 삼은 시, 굴뚝 청소부
*The chimney sweeper*를 읽어보자.

엄마가 죽었을 때 저는 아주 어렸어요.
'청소합니다!'란 말도 제대로 발음 못하던 나이에
아빠가 저를 팔았기 때문에
당신의 굴뚝을 청소하고 검댕에서 잠을 잡니다.

양털 같은 곱슬머리의 톰 데이커라는 꼬마가 있었는데
머리가 박박 깎이고 울고 있어서 제가 말해주었어요.
"울지 마 톰! 신경 쓸 필요 없어.
이제 너의 하얀 머리털이 검댕에 더럽혀질 일도 없잖아."

그러자 톰은 울음을 그쳤어요. 그리고 바로 그날 밤
톰은 잠을 자다가 놀라운 광경을 보았어요!
딕, 조, 네드, 잭, 수천 명의 굴뚝 청소부들이
모두 검은 관에 갇혀 있었어요.

그런데 빛나는 열쇠를 든 천사가 와서
관을 열고 모두 자유롭게 풀어주었어요.
아이들은 웃으며 푸른 들판을 달려 내려갔어요.

강에서 몸을 씻고 햇빛 속에서 빛났어요.

가방은 내버려두고 발가벗은 하얀 몸으로
아이들은 구름 위에 올라가 바람을 타고 놀았어요.
천사가 톰에게 말했어요. 착한 아이가 되면
하느님을 아버지로 모시고 늘 기쁨이 충만할 거라고.

그리고 톰은 잠에서 깼어요.
우리는 어둠 속에서 일어나 가방과 솔을 챙겨 일하러 갔어요.
아침은 추웠지만, 톰은 행복하고 따뜻했어요.
각자 맡은 일을 하면, 다칠 일도 없네요.

이 시는 예쁜 파스텔로 그려낸 아동 착취의 지옥도다. 어린이를 청소부로 팔아넘기는 일, 톰이라는 꼬마의 성姓인 데이커 Dacre('다크레'로 발음하기도 한다)가 상징하는 당시 유명한 고아원인 데이커 여사의 구빈원Lady Dacre's Almshouse, 머릿니를 옮기거나 불이 붙는 일을 막기 위해 어린이들의 머리를 밀어버리던 관행, 꿈에서나 씻거나 쉴 수 있었던 근로 조건 등등 경악스러운 현실이 총망라되어 있다.

특히 마지막 행은 가슴이 서늘해질 정도로 냉소적이다. 이런 상상을 해봤다. 혹시 이 표현이 실제로 공장에 적혀 있던 구호가 아니었을까? 제2차 세계대전 당시 수만 명이 갇혀 죽음을 기다려야 했던 나치 강제수용소 정문에도 '노동이 너희를 자유롭게 하리라Arbeit macht frei'라는 기만적 구호가 걸려 있었다. 블레이크도 아이들이 일하는 공장 어딘가에 이런 구호가 적혀 있는 광경을 목격하고 비꼬았는지도 모르겠다. '각자 맡은 일을 하면 다칠 일도 없다If you do your duty, you need not fear harm.' 물론 사실 확인이 불가능한 나만의 슬픈 상상.

월리엄 블레이크는 굴뚝 청소부라는 제목으로 두 편의 시를 썼다. 앞에서 소개한 시는 1789년에 발간된 시집 《순수의 노래Songs of Innocence》에 수록되었고, 이제 소개할 시는 1794년의 시집 《경험의 노래Songs of Experience》에 들어 있다. 원문과 함께 살펴볼 텐데 읽기 전에 딱 한 가지만 알아두자. 화자인 굴뚝 청소부 아이는 발음을 제대로 못할 정도로 어려서 '쓸다, 청소하다' 뜻의 'sweep'을 '운다'는 뜻의 'weep'으로 발음한다.

A little black thing among the snow,

Crying "weep! weep!" in notes of woe!

"Where are thy father and mother? say?"

"They are both gone up to the church to pray."

"Because I was happy upon the heath,

And smiled among the winter's snow,

They clothed me in the clothes of death,

And taught me to sing the notes of woe."

"And because I am happy and dance and sing,

They think they have done me no injury,

And are gone to praise God and his Priest and King,

Who make up a heaven of our misery."

흰 눈 속 작고 검은 것이

'울어요! 울어요!' 하고 애달프게 울부짖네!

"엄마 아빠는 어디 계시니? 말해보렴."

"두 분 모두 교회에 기도하러 가셨어요."

"제가 황무지에서도 즐거워하고

겨울 눈 속에서도 웃었기 때문에

부모님은 저에게 죽음의 옷을 입혀놓고

애달픈 곡조의 노래들을 가르쳐주셨어요."

"제가 기뻐하고 춤추고 노래하니

부모님은 저한테 상처 주신 줄도 모르고

우리의 고통으로 천국을 만드는

신과 사제와 왕을 찬양하러 가셨어요."

    참혹한 노동현실을 폭로했던 1편에서 더 나아가 세속화된 교회와 무책임한 어른과 기득권 전체의 책임까지 묻고 있는 완결편이다. 1편과 달리 2편은 아이가 죽은 뒤 저승이 무대고, 아이의 영혼에게 다가가 말을 거는 존재가 하느님이라는 생각도 드는데 여러분은 어떠신지?

    굴뚝 청소부 시리즈와 같은 시각으로, 런던 전체를 디스토피아로 묘사한 시도 이어서 원문과 함께 읽어보자. 제목부터 런던*London*이다.

I wander through each chartered street,

Near where the chartered Thames does flow,

And mark in every face I meet

Marks of weakness, marks of woe.

In every cry of every man,

In every infant's cry of fear,

In every voice: in every ban,

The mind-forged manacles I hear

How the chimney-sweepers cry

Every blackening church appalls

And the hapless soldier's sigh

Runs in blood down palace-walls.

But most through midnight streets I hear

How the youthful harlots curse

Blasts the new-born infant's tear

And blights with plagues the marriage hearse.

누군가 임대賃貸한 템스 강이 흐르는 근처

누군가 임대한 거리거리를 돌아다닌다.

내가 만난 모든 이의 얼굴에서

나약하고 슬픔에 젖는 표정을 본다.

모든 어른의 모든 외침에서

모든 아기의 겁에 질린 울음에서

모든 목소리, 모든 포고령에서

마음이 만들어낸 족쇄 소리를 듣는다.

굴뚝 청소부 아이가 우는 소리가

점점 검게 변하는 교회들을 오싹하게 만들고
불행한 병사의 한숨이
피가 되어 궁전 벽에 흐르네.

그러나 심야의 거리에서 가장 많이 듣는 소리는
아기들의 눈물을 부수고
결혼을 시들게 해 상여로 만드는
젊은 창녀의 저주

　당시 런던의 상황을 알아야 시를 온전히 이해할 수 있고, 반대로 이 시를 온전히 이해하면 당시 런던의 분위기를 느낄 수 있다. 간단하게 내 나름의 포인트를 짚어본다.

　일단 첫 행의 chartered(charter'd)의 의미부터 보자. '헌장' '선언' 등의 의미로 많이 알려져 있는데, 이 시에서는 면허나 특권 또는 사용권을 부여해준다는 의미다. 강이나 거리 같은 공공재조차 정부나 귀족 혹은 사업자가 권리를 갖고 있는 18세기 런던의 상황을 보여준다. 여러 번역본에서 '정비된' '구획화된' '법제화된' 심지어 '자유를 부여받은' 등으로 해석되어 있는데 동의하기 힘들다. 내가 본 번역 중에는 '관인官印으로 뒤덮인'에 고개를 끄덕였는데, 나는 '누군가 임대한'이라는 표현을 써보았다.

3연의 'blackening(black'ning)'의 의미는 중의적이다. 스모그와 검댕으로 교회 외벽이 검게 변하는 모습을 묘사함과 동시에 교회 내부가 세속화되고 타락해간다는 의미도 담고 있다. 참고로 블레이크는 무척 신실한 기독교 신자였기에 더욱 신랄하게 교회를 비판한 것 같다.

마지막 연에 난해한 부분이 모여 있다. 일단 '창녀의 저주'라는 표현부터. 당시 런던에서는 매춘이 심각한 사회문제로 대두되었다. 매춘 때문에 결혼이 파탄 나기도 하고 성병 문제도 심각했다. 심지어 아기들도 태아 감염으로 심각한 합병증은 안고 태어나는 경우가 많았다. 이 시에서 결혼과 아기를 언급한 이유다.

그다음으로 주검을 싣는 상여(요즘은 영구차) 'hearse'가 왜 marriage에 붙어 있는지를 고민해야 한다. 장례식에 쓰는 물건을 결혼식에 갖다 붙임으로 역설적 의미를 유도했다는 해석이 있다. 비슷하면서도 다르게, '결혼을 시들게 하여 상여로 만들어버리는'이라는 번역도 있다. hearse라는 단어가 오래전에 침대를 뜻하기도 했다는 설명도 봤는데, 여러 사전을 뒤져봐도 그 근거를 찾기 어려웠다.

지금도 나는 블레이크가 'blast'와 'blight'라는 동사 두 개를 바꿔 썼다는 생각에 사로잡혀 있다. 'blast'에도 말린다는 뜻이 있긴 한데 부수고 폭파한다는 의미가 훨씬 강하고, 반대로 'blight'는 식물이 말라 죽는다는 의미가 가장 강하다. 내 주장대로 두 개의 동사를 바꿔놓으면 이렇게 해석이 바뀐다. "아기들의 눈물을 말리고/ 결혼을 부수어 상여로 만드는/ 젊은 창녀의 저주"

아무리 봐도 이게 더 자연스러운데, 남다른 발상을 가졌던 블레이크라면 일부러 이 둘을 바꿔 썼을 것 같다. 이런 억측을 포함한 다양한 해석이 가능하다는 점에서도 훌륭한 시다.

나는 블레이크 작품 중에서 이 시를 제일 좋아한다. 시공간을 넘어 18세기 후반의 런던 뒷골목으로 나를 데려다주기 때문이다. 나는 그곳에서 절망에 찬 얼굴들을 보고, 굴뚝 청소부의 울음소리와 창녀들의 저주를 들으며, 내가 지금 그곳에 살고 있지 않다는 사실에 소심한 안도감을 느낀다.

어쩌다 보니 사회비판적인 시만 여러 편 소개했는데, 블레이크는 다른 낭만주의 시인과 비슷한 느낌의 시도 많이 썼다. 대학 시절 강렬한 표현이 일품인 **호랑이**_The Tyger_를 배웠던 기억이 난다. 이렇게 훌륭한 작품들을 잔뜩 남기고도 블레이크는 생전은 물론 19세기가 다 갈 때까지도 제대로 된 평가를 받지 못했다.

그가 재조명되기 시작한 건 20세기가 되어서였다. 엉뚱하게도 미국 히피족이 그를 영적 스승 수준으로 받들기 시작했다. 참고로 히피족이라는 표현은 우리나라에서 몹시 왜곡되어 있는데, 부랑자나 사회부적응자로만 여겨서는 안 된다. 마약과 범죄로 변질되어 부정적인 이미지가 덧씌워진 건 나중 일이고, 처음에는 반전과 평화에서 출발한 사회 운동이었으며 1960년대에서 70년대까지 미국 청년들에게 엄청난 영향을 끼친 문화이기도 했다.

전통적인 사회 규범과 물질주의에 반대하고 개인의 해방을 부르짖은 히피들의 눈에 한참 앞선 시대를 똑같은 방식으로 살아간 윌리엄 블레이크는 원조 히피로 보였을 것이다. 블레이크는 시와 그림을 통해 신비주의와 영적 존재를 자주 다루고, 인간의 영혼과 우주적 질서에 대한 깊은 통찰을 갈구했다. 또 이성과 과학의 한계를 넘어 상상력을 통해 진정한 자유를 얻을 수 있다고 믿었으니, 히피들에겐 모세처럼 느껴졌을 듯.

히피 문화를 이끄는 리더들이 너도나도 블레이크의 시를 읊고 다녔는데 그중 가장 유명한 아이콘은 사이키델릭 록그룹 '도어즈The Doors'다. 윌리엄 블레이크에 푹 빠져 있었던 리더 짐 모리슨은 아예 그룹 이름을 블레이크의 시 *천국과 지옥의 결혼The Marriage of Heaven and Hell*에서 따왔다.

If the doors of perception were cleansed

everything would appear to man as it is: infinite.

지각의 문들이 깨끗이 닦이고 나면

모든 것이 있는 그대로 무한하게 보일 것이다.

짐 모리슨도 대단하지만, 더 대단한 인물이 블레이크를 치켜세웠다. 히피 문화에 심취했던 한 젊은이가 인류 문명의 물줄기를 바꿔놓을 정도로 성공하는데, 세계 최고의 기업을 만든 뒤에도 블레이크의 책을 가까이하고 있다고 고백한 것이다. 그의 이름은 스티브 잡스. 그는 아이디어가 막히면 윌리엄 블레이크의 시를 읽으며 영감을 얻는다고 밝혔다. 그가 틈날 때마다 인문학의 중요성을 강조한 이유이기도 하다. 또 블레이크의 철학을 공공연하게 설파하기도 했다. "블레이크가 우리에게 주는 메시지는 분명합니다. 창의력이란 모든 사람에게 있으며, 우리가 창의력을 이용하기 위해서는 먼저 마음을 열어야 한다는 것입니다."

한 번 더 억측을 해본다. 아이폰이라는 열매를 맺은 무의식 속 씨앗은 이 시에서 파종되었을 거라고. 그가 평생 연구해온 모든 기술의 집약체인 아이폰을 손에 쥐면 무한과 영원의 세계로 연결된다고 믿지 않았을까? 블레이크의 대표적인 시 *순수의 전조*Auguries of Innocence 중에서 한 구절을 원문과 함께 옮기며 이 챕터를 마친다.

To see a World in a Grain of Sand

And a Heaven in a Wild Flower

Hold Infinity in the palm of your hand

And Eternity in an hour

한 알 모래에서 세계를 보고

한 송이 들꽃에서 천국을 본다.

그대 손에 무한을 쥐고

순간 속에서 영원을 잡아라.

겨울이 오면 봄도 멀지 않으리

The Indian Serenade

Percy Bysshe Shelley(1792~1822)

I arise from dreams of thee
In the first sweet sleep of night.
When the winds are breathing low,
And the stars are shining bright:
I arise from dreams of thee,
And a spirit in my feet
Hath led me – who knows how?
To thy chamber window, Sweet!

The wandering airs they faint
On the dark, the silent stream –
The Champak odours fail
Like sweet thoughts in a dream;
The nightingale's complaint,
It dies upon her heart; –
As I must on thine,
Oh, belovèd as thou art!

Oh lift me from the grass!
I die! I faint! I fail!

Let thy love in kisses rain

On my lips and eyelids pale.

My cheek is cold and white, alas!

My heart beats loud and fast; –

Oh! press it to thine own again,

Where it will break at last.

인디언 세레나데

퍼시 비시 셸리

달콤한 첫잠을 자던 밤

그대 꿈을 꾸다가 일어나요.

바람이 나직이 숨 쉬고

별들은 찬란히 반짝일 때

그대 꿈을 꾸다 일어나요.

어떤 힘이 그대의 방으로 날 인도해

창문 앞에 서죠. 내 사랑!

어둠 속으로 조용히 흘러가는 강 위로

떠도는 바람이 사라져요.

꿈속의 달콤한 생각들처럼

참파카 나무 향기가 흩어져요.

나이팅게일의 지저귐이

가슴 위에서 죽음을 맞이하듯
나 또한 그대 품에서 죽어야 하는데
오, 그만큼 당신을 사랑해요!

나를 풀밭에서 일으켜줘요.
죽어요! 기절해요! 쓰러져요!
내 입술과 파리한 눈꺼풀에 키스해줘요.
그대 사랑이 비가 되어 내리도록.
가슴이 요란하게 급하게 뛰어요.
오, 그대 가슴으로 눌러줘요.
결국 내 가슴이 터질 곳이니까.

마지막으로 볼 낭만주의 시인은 퍼시 셸리다. 세 명씩 묶어 부르기 좋아하는 우리나라에서 키츠, 바이런과 함께 낭만주의 3대 시인으로 불리는 인물. 서른 살에 세상을 떠났는데, 키츠는 20대에 바이런도 30대에 요절했음을 기억하자.

귀족 집안의 장남으로 태어났으나 옥스퍼드대학에 입학하자마자 무신론을 주장하다 퇴학당하고, 사촌과 연애하다가 (당시에는 드문 일이 아니었다) 실연당하면서 순탄치 않은 인생이 될 것임을 예고했다. 열아홉 살 나이에 열여섯 살 소녀와 결혼해 아이 둘을 낳지만, 얼마 안 있어 존경하던 정치철학자의 딸 메리 고드윈Mary Godwin을 만나는 순간 사랑에 빠졌다. 이때 메리의 나이도 열여섯 살이었다. 셸리는 선언했다. 아내는 여동생과 같은 존재이며, 새로운 사랑 메리와 살겠다고.

어쨌든 유부남인 셸리와 열여섯 살 메리의 연애가 가족들에게 받아들여질 리 없었다. 주변에서도 비난받았던 건 물론이다. 그런데 이 둘은 멈추거나 움츠러들지 않고 오히려 도피 여행을 떠났다. 아예 영국을 떠나 유럽으로. 열여섯 살에 이토록 대담한 (혹은 부도덕한) 애정행각을 감행한 메리 고드윈 역시 곧 영문학에서 중요한 이름이 된다.

메리 고드윈은 1797년 최초의 무정부주의자로 불리는 정치철학자 윌리엄 고드윈William Godwin과 최초의 페미니스트 메리 울스턴크래프트Mary Wollstonecraft의 딸로 태어났다. 엄마 메리는 여성의 교육과 자립을 주장한 최초의 페미니즘 저서로 인정받는 《여성의 권리 옹호A Vindication of the Rights of Woman》(여권의 옹호)를 출간한 선구자였으나, 딸 메리를 출산하면서 합병증으로 세상을 떠났다. 메리는 부모의 급진적 사상에 고루 영향을 받으며 자랐다.

메리의 아버지 고드윈은 결혼이라는 제도와 상관없는 자유연애를 역설했고 본인도 그렇게 살았던 인물이었다. 하지만 정작 자기 딸이 결혼제도와 상관없이 자유연애를 하겠다니 인정하지 못하고 반대했다. 셸리도 고드윈의 급진적인 사상에 깊은 감화를 받았는데, 이후 셸리가 남긴 글을 보면 이런 고드윈의 이중성에 큰 배신감을 느끼면서도 자기 뜻을 굽히지 않기로 결심한 것 같다. "나는 그 잘난 집단에는 섞이지 못했다. 그들의 원칙은 수많은 여자 가운데 한 사람의 애인, 한 사람의 친구만을 고르라는 것이다. 그 한 명을 제외한 나머지 여자들은 아무리 아름답고 현명해도 차가운 망각 속에 묻으라는 것이다. 진정한 사랑은 나눈다고 사라지는 것이 아닌데."

이 뒤에 '사랑에 빠진 게 죄는 아니잖아?'라는 문장을 붙였으면 어땠을까?

셸리와 메리 커플의 밀월여행은 도덕적으로는 더없이 부적절했으나 문학사를 넘어 대중문화의 역사에는 축복이었다. 이유는 다음에 소개할 우연한 만남 덕분인데, 이 후일담은 메리 본인의 입을 통해 상세히 전해진다.

1816년 여름. 열아홉 살의 메리는 셸리와의 사이에서 막 태어난 아들 윌리엄 그리고 배다른 여동생 클레어와 함께 스위스를 여행 중이었다. 클레어는 제네바 호수 근처에서 지내고 있던 시인 바이런을 만나러 가자고 제안했다. 얼마 전 바이런과 짧고 강렬한 사랑을 나누고 그 일을 잊지 못한 것이었다. 그렇게 세 사람은 제네바로 가서 바이런과 그의 주치의면서 작가 지망생이었던 존 폴리도리를 만났고 금방 친해졌다.

즐거운 나날을 보내던 어느 날, 다섯 남녀는 폭풍우가 몰아쳐 바깥에 나가지 못하고 별장에만 있어야 했는데 무료함을 견디지 못한 바이런이 제안했다. 이럴 때 빠질 수 없는 무서운 이야기 배틀! 이때 지어낸 이야기를 바탕으로 메리가 나중에 집필한 소설이 세계 최초의 SF 문학 작품 《프랑켄슈타인》이다.

프랑켄슈타인은 괴물 이름이 아니고 숱한 실험을 거쳐 괴물을 만들어낸 주인공 빅터 프랑켄슈타인의 이름이다. 박사로 알고 있는 분들도 많은데 요즘으로 치면 의과학자를 꿈꾸는 의대생 정도 되겠다. 이 설정 덕분에 이 작품이 세계 최초의 SFScience Fiction, 공상'과학'소설로 인정받는다. 마법이나 주술이 아닌 과학 실험으로 괴물을 만들어냈다는 설정이 중요한 것이다.

이 작품을 썼을 때 메리는 스무 살도 안 된 나이였고, 1818년에 출간된 초판은 작가 이름을 밝히지 않고 익명으로 인쇄되었다. 이때만 해도 독자들은 퍼시 셸리가 썼다고 생각했다. 책이 상당히 큰 상업적 성공을 거두고 10년 뒤에 개정판이 출간될 때 메리 셸리라는 이름이 제대로 들어갔다. 이제 메리는 영국을 넘어 세계 최초의 SF 작가로 인정받고 있다. 최초의 무정부주의자 아빠와 최초의 페미니스트 엄마가 만나 자식을 낳았더니 최초의 SF 작가가 되었다는 이야기.

《프랑켄슈타인》은 학교 수업과 상관없이 내가 원서로 읽은 몇 안 되는 소설 중 하나인데 분량도 적고 문장도 깔끔하고 무엇보다 이야기가 흥미로워 쉽게 읽힌다. 같은 19세기 장르 소설로 양대 산맥쯤 되는 브램 스토커의 《드라큘라》도 읽어봤는데, 《프랑켄슈타인》이 훨씬 더 시적이고 더 쉽게 읽히고 더 짧다. 누군가 영문 소설 읽기에 도전한다면 첫 작품으로 추천한다.

《프랑켄슈타인》은 SF라는 장르에 가두기엔 너무 큰 작품이다. 창조자와 피조물의 철학적 관계를 보여주고, 창조라는 행위에 따르는 책임을 깨닫게 해주고, 전에 없었던 시각으로 인간성이란 무엇인지를 고민하게 만드는 걸작이다. 서문에는 존 밀턴John Milton의 **실낙원**Paradise Lost(낙원상실)에서 인용한 구절이 적혀 있다. "나를 만든 이여, 제가 부탁했습니까? 진흙에서 저를 빚어 사람으로 만들어달라고? 제가 애원했습니까? 어둠에서 끌어내달라고?"

《프랑켄슈타인》의 영향을 받은 창작물은 너무 많아 다 적을 수 없지만, 영화 〈블레이드 러너〉와 〈에이리언 시리즈〉는 오마주 장면이 정말 많다. 특히 〈블레이드 러너〉 최고의 명장면인 마지막 복제인간이 쫓기던 중 독백을 내뱉고 결국 수명이 다해 빗속에서 죽음을 맞이하는 장면에는 그냥 《프랑켄슈타인》 서문을 갖다 써도 될 뻔했다. 물론, 인간보다 더 인간적인 복제인간 역을 맡았던 루트거 하우어가 직접 손본 대사도 충분히 멋지다. "나는 사람들이 믿지 못할 광경을 많이 봤어. 오리온 별자리 어깨 너머로 포를 쏘는 우주선도 봤고 탄호이저 게이트의 캄캄한 어둠 속에서 번득이던 레이저도 기억나. 이 모든 것들이 시간 속에 사라지겠지. 빗속의 눈물처럼 말이야. 이제 죽을 시간이군."

그날 '무서운 이야기 배틀'에서는 대중문화 역사에 길이 남을 또 한 편의 중요한 작품이 탄생했다. 바이런과 함께 있었던 폴리도리는 닥치는 대로 여자를 유혹하고 즐기고 떠나는 행태를 반복하는 바이런에게 염증이 난 상태였다. 그는 바이런이 별장에서 들려준 무서운 이야기를 경멸적 시각으로 각색해 짧은 소설을 집필했다.

사악한 힘과 거부할 수 없는 매력을 동시에 지녔으며 처녀의 목을 물어 피를 빨아 먹은 다음 버리는 루스벤 백작(누가 봐도 바이런)을 주인공으로 하는, 바로 최초의 흡혈귀 소설 《뱀파이어》다.

이 소설을 출판할 생각은 없었는지 폴리도리는 당시 여자친구에게 원고를 넘겨주고 잊어버렸는데, 몇 년 후 런던의 한 문학잡지에 이 소설이 바이런 작품으로 실리며 세상에 빛을 보게 되었다. 아마도 그 여자친구가 돈을 벌려고 원고를 판 것으로 짐작된다. 바이런은 몹시 화가 나서 폴리도리에게 저주를 퍼붓는데, 얼마 안 있어 폴리도리는 우울증과 도박 빚에 시달리다가 자살한다.

개인적인 견해로는 《프랑켄슈타인》과 《뱀파이어》 단 두 작품이 퍼시 셸리의 모든 저작을 합친 것보다 대중문화에 미친 영향이 더 클 것 같은데, 이 책은 영시에 관한 책이므로 다시 셸리에게 돌아가도록 하자.

셸리와 메리 커플이 밀월여행을 마치고 돌아온 직후, 셸리의 아내는 런던 하이드파크의 호수에 몸을 던진 후 시체로 발견된다. 아내의 장례가 끝난 뒤 퍼시 셸리는 메리와 결혼식을 올리고 부부가 되었다. 하지만 원래 아내가 낳았던 딸도 죽고, 이듬해에는 열두 살 먹은 아들도 죽었다. 자유 혹은 방종이 불러온 결과인지는 모르겠으나, 뭐라 할 말이 없어지는 비극이다.

가정사와 별개로, 《프랑켄슈타인》이 출간된 해인 1818년부터 퍼시 셸리도 걸작을 쏟아냈다. 먼저 같은 해에 발표한 소네트 오지만디아스*Ozymandias*(이집트 람세스 2세)를 원문과 함께 읽어보자.

어려운 단어는 별로 없는데 문장 연결을 잘해야 제대로 의미를 짚어낼 수 있다. 특히 5행에서 8행까지는 보기보다 난해해 'sneer of cold command'를 어떻게 옮길 건지, Tell과 survive의 주어 목적어 보어는 정확히 무엇인지 찾는 일이 만만치 않다. 시중에 나와 있는 번역본 중에 나와 비슷한 번역이 없어 당황스러운데, 일단 이렇게 옮겨본다. 다른 번역도 찾아 참고하시기를.

I met a traveller from an antique land

Who said: Two vast and trunkless legs of stone

Stand in the desert... Near them, on the sand,

Half sunk, a shattered visage lies, whose frown,

And wrinkled lip, and sneer of cold command,

Tell that its sculptor well those passions read

Which yet survive, stamped on these lifeless things,

The hand that mocked them and the heart that fed:

And on the pedestal these words appear:

"My name is Ozymandias, king of kings:

Look on my works, ye Mighty, and despair!"

Nothing beside remains. Round the decay

Of that colossal wreck, boundless and bare

The lone and level sands stretch far away.

다음은 고대 왕국에서 온 여행자에게 들은 이야기―

몸통 없이 다리만 두 개 있는

거대한 석상이 사막에 서 있다네.

옆에는 부서진 두상이 반쯤 묻혀 있는데

거만하게 명령하는 찌푸리고 주름진 입술을 보면

그 성깔을 돌덩이에 담아낸 솜씨를 알 수 있지.

왕의 심장이나 조각가의 손보다 석상이 더 오래 살아남은 셈.

주춧돌에는 이렇게 적혀 있네.

"내 이름은 오지만디아스, 왕 중의 왕이라.

위대하다고 하는 자들아, 내 위업을 보고 절망하라!"

이제 위업은 모두 사라지고

점점 부서지는 거대한 잔해를 따라

외롭고 편편하고 풀 한 포기 없는 모래밭이

멀리멀리 끝없이 펼쳐져 있을 뿐.

앞에서 소개한 셰익스피어 맥베스의 독백(인생은 걸어 다니는 그림자)과 함께 삶의 무상함을 일깨워주는 명시다. 다 부서지고 다리 두 개와 머리만 남아 있는 람세스 왕의 석상과 황량한 이집트 사막이 눈에 선하다.

몇 년 전, 〈에이리언 시리즈〉 중 제작 순서로 치면 다섯 번째 영화인 〈커버넌트〉를 보다가 감전된 듯한 경험을 했다. 전지전능한 인공지능을 탑재한 휴머노이드 데이비드가 자신이 창조한 피조물(에이리언, 정확히는 제노모프)의 세계를 소개하면서 갑자기 이 시의 한 구절을 읊었기 때문이다. "내 이름은 오지만디아스, 왕 중의 왕이라/ 위대하다고 하는 자들아, 내 위업을 보고 절망하라!"

퍼시 셸리와 메리 셸리, *오지만디아스*와 《프랑켄슈타인》이 리들리 스콧의 솜씨를 통해 마이클 패스벤더의 오만한 얼굴 위로 몽타주 되는 순간이었다.

이후 1820년 퍼시 셸리는 방대한 분량의 극시 **프로메테우**

스의 해방(사슬에서 풀려난 프로메테우스)을 발표했다. 고대 그리스의 프로메테우스 신화를 소재로 삼은 퍼시 셸리의 대표작이다. 그런데 현대에 와서는 메리 셸리의 《프랑켄슈타인》이 프로메테우스 신화와 관련해 몇 배 더 주목받고 있다. 《프랑켄슈타인》이 출간되었을 때 부제로 '프로메테우스Frankenstein : or, the modern Prometheus'가 붙어 있었기 때문이다. 신의 전유물이었던 불을 훔친 프로메테우스처럼, 신의 전유물인 생명 창조에 도전한 빅터 프랑켄슈타인 박사 때문에 붙은 부제다. 퍼시 셸리가 하늘에서 본다면 서운할까? 아니면 아내가 자랑스러울까?

같은 해, 퍼시 셸리의 시 중에서 가장 유명하고 널리 인용되는 시 서풍에 부치는 노래Ode to the West Wind도 발표되었다. 낭만주의 사상을 그대로 실현한 웅장한 대작으로, 사회 개혁의 염원을 의인화한 서풍에 호소하는 내용이다. 시가 워낙 길기에 뒷부분만 원문과 함께 옮겨본다.

Drive my dead thoughts over the universe

Like withered leaves to quicken a new birth!

And, by the incantation of this verse,

Scatter, as from an unextinguished hearth

Ashes and sparks, my words among mankind!

Be through my lips to unawakened earth

The trumpet of a prophecy! O, wind,

If Winter comes, can Spring be far behind?

시든 낙엽이 새로운 생명을 일깨우듯

나의 죽은 생각을 우주로 몰아내라.

꺼지지 않은 난로의 재와 불꽃 같은 내 말을

시의 마법을 이용해 인류에 흩뿌려라.

바람이여! 내 입술을 통해

잠든 대지를 깨우는 예언의 나팔이 되어라.

겨울이 오면 봄도 멀지 않으리.

특히 마지막 행이 자주 인용되는데 '고진감래苦盡甘來'나 '해 뜨기 전이 가장 어둡다'는 뜻으로 쓰이는 것 같다. 큰 왜곡 없이 인용되고 있으니 다행이다.

셸리의 시가 서구권에서 특히 더 사랑받는 이유는 운율과 리듬 때문이다. 영어가 모국어가 아닌 우리에게 길고 어려운 시는 운율을 충분히 느끼기 어려우니 가장 짧은 2연짜리 시를 골라봤다. 제목이 따로 없어 첫 행 고운 목소리들이 사라지면 *Music, when soft voices die*이 제목으로 알려진 이 시는, 셸리가 죽은 후 메리 셸리에 의해 출판된 유작이다. 해석하려 하지 말고 그냥 원문을 되풀이해서 소리 내어 읽어보자. 소위 말맛이 끝내준다.

Music, when soft voices die,

Vibrates in the memory –

Odors, when sweet violets sicken,

Live within the sense they quicken.

Rose leaves, when the rose is dead,

Are heaped for the belovéd's bed;

And so thy thoughts, when thou art gone,

Love itself shall slumber on.

고운 목소리들이 사라지면

추억 속에 음악이 울려 퍼지고

달콤한 제비꽃들이 시들면

깨어난 감각 속에 향기가 남죠.

장미가 시들면

연인의 침대를 위해 꽃잎이 쌓이듯

그대 떠나면
그대 생각도 사랑을 침대 삼아 잠들겠지요.

　낭만주의 시대를 마무리하면서 한 가지 궁금증이 생길 수 있다. 같은 나라에서 태어나 같은 시대를 살았던 키츠, 바이런, 셸리는 서로 친했을까?

　셸리와 바이런의 관계는 분명하다. 앞에서 본 것처럼 종종 친교를 나누는 신예와 슈퍼스타. 바이런이 셸리를 가리켜 '괴물 같은 시인'이라고 평가한 것을 보면 어떤 관계였는지 짐작 간다. 키츠와 셸리는 몇 번 만나기도 하고 편지를 주고받았을 뿐 그 정도로 가깝지는 않았다. 셸리는 키츠의 시적 재능을 높이 평가했지만, 키츠는 셸리의 급진적 사상과 정치 성향에 다소 거리를 두었다. 바이런과 키츠는 친교가 없었고, 서로 비판적인 관계였다. 바이런은 키츠의 시가 너무 감상적이고 유치하다고, 키츠는 바이런의 시가 오만하고 자기중심적이라고 평가 절하했다.

　1821년 키츠가 로마에서 열병으로 죽자, 셸리는 큰 충격을 받고 장편 추모시 아도나이스를 헌정했다. 하지만 이듬해 셸리도 배가 난파되어 바다에서 익사했다. 바이런을 만나고 돌아오는 길이었다. 그리고 2년 후 1824년 바이런도 독립전쟁에 참전하기 위해 떠났던 그리스 땅에서 사망했다. 낭만주의 시대를 온몸으로 살아냈던 세 명의 시인이 로마에서, 그리스에서, 바다에서 삶을 마감했으니 그들다운 최후였다고 할까. 셋이 살았던 시간을 모두 합해도 100년이 안 되지만, 그들의 작품은 1000년도 넘게 회자될 것이다.

셸리의 묘비에는 라틴어로 묘비명이 적혀 있다. 'Cor Cordium.' 영어로는 Heart of hearts, 마음의 마음, 최고의 마음.

2부

그래도

살 만한 인생

사적인 감정의 관찰

In Memoriam A.H.H.

Alfred Tennyson(1809~1892)

I envy not in any moods
The captive void of noble rage,
The linnet born within the cage,
That never knew the summer woods:

I envy not the beast that takes
His license in the field of time,
Unfetter'd by the sense of crime,
To whom a conscience never wakes;

Nor, what may count itself as blest,
The heart that never plighted troth
But stagnates in the weeds of sloth;
Nor any want-begotten rest.

I hold it true, whate'er befall;
I feel it, when I sorrow most;
'Tis better to have loved and lost
than never to have loved at all.

나의 벗 아서를 추모하며 중 일부

앨프리드 테니슨

아무리 우울해도 나는 부럽지 않아.
포로가 되어도 분노하지 않는 자도,
여름 숲을 알 리 없는
새장에서 태어난 홍방울새도 부럽지 않아.

양심이라고는 생길 리가 없고
죄의식에 속박되지도 않은 채
시간의 들판에서 멋대로 돌아다니는
짐승도 부럽지 않아.

사랑의 맹세도 한 번 안 해보고
게으름의 잡초 속에 썩어가면서도
스스로 축복받았다고 여기는 사람도,
결핍이 만든 평온함도 부럽지 않아.

사랑을 했다 잃는 것이
사랑 없이 사는 것보다 낫다.
그건 무슨 일이 생겨도 변하지 않고
가장 슬플 때조차도 알 수 있는 진리.

낭만주의 시대 이후를 구분 짓는 빅토리아 시대Victorian Era는 낭만주의처럼 문학에서만 쓰이는 것이 아니라 영국사의 보편적 시대 구분에 따른 명칭이다. 조지 시대(하노버 왕조)가 끝나고 빅토리아 여왕이 즉위한 1837년부터 사망한 1901년까지 64년 동안을 가리킨다. 빅토리아 여왕과 남편 앨버트 공(음악 좋아하는 분들에겐 로열 앨버트 홀로 이름이 익숙한) 사이의 로맨스가 제인 오스틴 소설 못지않게 재미있는데, 관심 있는 분들은 한번 찾아보시길.

빅토리아 시대는 이견 없는 영국의 최전성기였다. 경제생산력과 군사력에서 영국과 대적할 나라는 없었고, 잉글랜드를 중심으로 웨일즈와 스코틀랜드까지 완전히 하나의 국가로 체제를 갖추었으며, 전 세계로 식민지가 확장되어 대영제국 시기로 불리기도 한다.

빅토리아 시대 시인 중 내가 제일 좋아하는 브라우닝 부부(로버트와 엘리자베스)의 시와 시만큼 아름다운 그들의 실제 사랑 이야기는 앞에서 다루었다. 이제 앨프리드 테니슨을 알아보자. 남작 작위를 수여받아 앨프리드 로드 테니슨이라 부르기도 한다.

앨프리드 테니슨은 목사의 아들로 태어났고 12형제 중 넷째였다. 케임브리지대학에 입학한 테니슨은 아서 헨리 핼럼 A. H. Hallam을 만나 함께 유럽을 여행하는 등 평생의 우정을 쌓는다. 이미 10대 후반부터 시를 써서 발표했는데, 테니슨의 초기 시는 낭만주의 시인 키츠를 쏙 빼닮았다. 그러다 전환점이 되는 사건이 친구 핼럼의 죽음이었다. 큰 충격을 받은 테니슨은 이후 10년이나 절필하다가 주위의 격려로 다시 집필을 시작했다.

1842년 발표된 그의 시 *고디바*Godiva(고다이바)를 읽어보자. 영국 설화에 등장하는 고디바 부인Lady Godiva의 이야기를 소재로 하는데 내용은 이렇다. 11세기 한 봉건 영주가 백성들에게 가혹한 세금을 부과해 백성들이 못 살겠다고 아우성치자, 영주의 부인 고디바가 세금을 줄여달라고 남편에게 애원했다. 그 후 어떤 일이 벌어지는지 테니슨의 시를 통해 확인해보자.

'부인도 백성을 위해
작은 손가락 하나도 아프게 할 생각이 없지 않소?'
하지만 그녀는 목숨까지도 바치겠다고 했다.
영주는 웃고 나서 베드로와 바울에게 맹세하고
부인 가슴에 있는 다이아몬드를 튕겼다.
'백성들 때문에 이게 덜 빛나도 괜찮다고?'

165

그녀는 하느님의 뜻이 이루어지길 바란다고 대답했다.

그는 또 웃고 베드로와 바울에게 맹세하고

장난치듯 다시 물었으나 부인의 대답은 같았다.

결국 영주는 분노하며 말했다.

'그렇다면 벌거벗고 말을 탄 채로 돌아다녀보시오.

그렇게 사람들 구경거리가 되면 세금을 없애주겠소.'

그녀는 나가서 순결과 믿음의 옷을 입고 말을 탔다.

훔쳐보는 녀석이 있었고, 그렇게 세금은 없어졌다.

남편인 영주는 내 눈에 흙이 들어가기 전에는 안 된다는 표현 대신, 당신이 알몸으로 광장을 가로지르기 전까지는 안 된다고 거절했을 거다. 설화에 따르면, 고디바 부인의 숭고한 희생에 감동한 백성들은 부인이 수치심을 느끼지 않도록 모두 집에 들어가 창문을 닫아주었는데 어디에나 있는 빌런 한 명이 그녀를 훔쳐보았다가 하늘의 노여움을 사 눈이 멀어버렸다고 한다.

고디바 부인과 그 남편(레오프릭 백작)은 실제 인물이지만, 이런 구체적인 사건이 있었다는 기록은 없다. 워낙 흥미로운 설화여서 역사가들이 치밀하게 조사한 모양이다. 노르만 정복 직전 앵글로색슨 시대의 일인데 이때는 여자도 토지를 상속 소유하고 관리할 수 있었고, 당시 사료(아마도 《둠스데이 북》)에 따르면 이 사건이 벌어진 지역은 고디바 부인 소유의 땅이어서 굳이 남편에게 이렇게 수모를 당할 일이 없다는 의견도 있다.

테니슨의 시가 인기를 얻은 덕분에 이 설화의 인지도도 급상승했고, 같은 빅토리아 시대 화가들도 이 장면을 그림으로 남겼다. 그중 존 콜리어의 그림 '레이디 고디바Lady Godiva'는 꼭 찾아볼 만하다. 그 강렬함이 눈으로 초콜릿을 먹는 착각에 들게 한다. 말 타는 여자를 형상화한 로고에서 알 수 있듯이 초콜릿 브랜드 고디바도 여기서 이름을 따왔다.

테니슨은 많은 팬을 거느린 인기 작가가 되었다. 그의 열성 팬 중 아주 잘나가는 사람이 있었으니, 빅토리아 여왕이다. 그녀는 테니슨에게 남작 작위를 하사했고(1844년), 테니슨은 몇 년 후 시집 《공주님The Princess》(1847)을 출간했다. 이 중 슬픔과 아름다움이 공존하는 서정시 **눈물, 부질없는 눈물**Tears, Idle Tears을 읽어보자.

눈물, 부질없는 눈물, 그 의미를 몰라

행복한 가을 들판을 바라보고

지나간 날들을 생각하니

신성한 절망의 깊은 곳에서 시작된 눈물이

마음속에서 일어나 눈가로 모여드네.

죽은 친구들을 되살려내기라도 할 기세로

돛에 반짝이는 아침 첫 햇살만큼 생생하고
사랑하는 모든 것들과 수평선 아래로 가라앉는
붉게 물드는 저녁노을처럼 슬프네.
지나간 날들은 그토록 슬프고 또 생생해라.

아, 어둑한 여름 새벽만큼 슬프고 낯설어
죽어가는 이의 귀에 들리는
반쯤 깨어난 새들의 첫 울음소리처럼
죽은 이의 눈에 보이는
창틀이 어렴풋한 사각형으로 변해가는 모습처럼
지나간 날들은 그토록 슬프고 또 생생해라.

죽은 뒤에도 기억에 남을 키스처럼 소중하고
다른 사람이 키스할 입술에 입맞추는
망상 속 키스처럼 달콤하고
깊고 거칠었으나 후회로 가득한 첫사랑 같네.
오, 삶 속의 죽음, 지나간 날들이여.

신고전주의와 낭만주의 시들에 대한 이해가 충분하다면,
테니슨이 신고전주의의 형식미와 낭만주의의 감성을 절묘하
게 조화시키고 있다는 사실을 알 수 있을 것이다. 다만, 바이

런이 보인 자기도취적인 자신감이나 블레이크의 날카로운 사회 비판 혹은 셸리의 예언자적 풍모는 찾아보기 힘들다. 대신 사적인 감정-감각과 관찰에 집중했다는 점이 낭만주의 시인 중에서도 키츠와 자주 비교하는 이유다.

특히 테니슨은 운율을 기막히게 갖고 놀 줄 알았다는 점에서 '언어의 마술사'라는 당대의 찬사가 숱하게 남아 있다. 지금도 기교에 관한 한 테니슨을 능가하는 시인은 없다는 평가가 많은데, 아무래도 영어의 말맛을 자국민만큼 제대로 느끼기 힘든 우리에게는 반대로 평가절하될 부분도 있다. 나만 해도 다른 시인에 비해 테니슨의 음악적 기교가 특별히 더 뛰어난지 잘 모르겠으니 안타까울 뿐. 나는 오히려 셸리의 영향을 크게 받은 브라우닝의 시가 읽는 맛이 더 좋았다.

마흔 살 나이에 귀족 작위를 하사받고 계관시인이 된 그는 83세의 천수를 누렸고 지금까지도 후손들이 남작 작위를 이어받고 있다. 세계 문학사 전체를 뒤져봐도 테니슨만큼 풍족한 삶과 화려한 영예를 오래도록 누린 시인이 또 있을까 싶다.

마지막으로 영화 〈007 시리즈〉 중에서 수작으로 꼽히며, 내 기준으로 21세기에 나온 007 영화 중에는 최고인 〈007 스카이폴〉의 한 장면을 소개한다. 007을 운영하는 조직 책임자인 M이 청문회에 불려 나가, 더 이상 007이 필요 없다고 비판하는 사람들에게 **율리시스**_Ulysses_의 일부를 들려준다. 이건 마치 007 제작진이 '이제 007 영화 너무 구리지 않냐?'고 의심하는 사람들에게 항변하는 말 같기도 하다. "제 남편이 살아 있을 때 시를 무척 좋아했어요. 저한테 들려준 시가 있는데, 아마 테니슨이었을 겁니다. 이런 내용이 기억나네요."

We are not now that strength which in old days
Moved earth and heaven, that which we are, we are;
One equal temper of heroic hearts,
Made weak by time and fate, but strong in will
To strive, to seek, to find, and not to yield.

옛날처럼 천지를 움직이는 힘은 이제 없지만
그래도 우리는 우리다.
영웅들의 침착한 성미는 세월과 불운에 약해졌어도
분투하고 뒤쫓고 발견하되 굴복하지 않는 의지는
여전히 강력하다.

미국 할리우드가 장악하고 있는 영화계에서, 영국의 자존심을 상징하는 〈007 시리즈〉에서 테니슨의 시를, 하필 이 구절을 인용한 것은 우연이 아닐 것이다. 그러나 현실은 냉혹한 법. 〈007 스카이폴〉이 007의 부활을 알리고 13년이 흐른 2025년, 〈007 시리즈〉의 창작 통제권(지식 재산권)이 미국 아마존 MGM 스튜디오로 넘어갔다. 아마존 회장 제프 베이조스는 대니얼 크레이그에 이어 다음 007 역을 누가 맡으면 좋겠냐는 질문을 올렸고, 수많은 골수팬이 영국의 색을 유지해 달라고 부탁하고 있다. 영국의 색을 유지하는 쉽고 좋은 방법이 있다. 아마존에서 만드는 첫 007 영화에 영시 한 구절을 인용하는 것이다.

바이런이 딱일 것 같은데?

어둠 속에서 피어난 생명력

When I am dead, my dearest

Christina Rossetti(1830~1894)

When I am dead, my dearest,
Sing no sad songs for me;
Plant thou no roses at my head,
Nor shady cypress tree:
Be the green grass above me
With showers and dewdrops wet;
And if thou wilt, remember,
And if thou wilt, forget.

I shall not see the shadows,
I shall not feel the rain;
I shall not hear the nightingale
Sing on as if in pain:
And dreaming through the twilight
That doth not rise nor set,
Haply I may remember,
And haply may forget.

사랑하는 이여 나 죽거든

크리스티나 로세티

사랑하는 이여, 나 죽거든
날 위해 슬픈 노래를 부르지 말아요.
머리맡에 장미꽃도 심지 말고
그늘 드리우는 사이프러스 나무도 심지 마요.
내 위의 푸른 잔디가
비도 맞고 이슬도 맺히게 해줘요.
기억하고 싶으면 기억하고
잊고 싶으면 잊어주세요.

나는 그림자도 못 보고
비가 내려도 모르고
아픈 것처럼 노래하는
나이팅게일 소리도 못 들을 겁니다.
해가 뜨지도 지지도 않은
황혼의 시간에 꿈을 꾸고
어쩌면 기억하고
어쩌면 잊을게.

빅토리아 시대를 번영의 시대라고 요약해도 될까? 대영제국이 세계 최강국이었던 시절이니 틀린 말은 아니다. 그러나 실제 대다수 시민의 삶은 번영이나 최강이라는 형용사와는 거리가 멀었다.

산업혁명과 자본주의가 급속도로 진행되면서 계층 간 빈부 격차는 극심해졌다. 극소수 부자들이 전에 없던 대량생산과 문명의 혜택을 누린 것과 반대로 대다수 노동자의 삶은 더 궁핍해졌다. 하루 종일 위험천만한 노동에 몸을 갈아 넣어 끼니를 연명하는 노동자들이 넘쳐났다. 다치거나 병이라도 걸리면 거지로 전락하는 일은 순식간이었다. 런던 곳곳에는 슬럼가가 형성되었는데 사진과 영상 자료를 보면 지옥도가 따로 없다. 좁디좁은 방 하나에 서너 명씩 구겨 살고 쥐와 벼룩이 들끓는 비위생적인 환경은 기본. 범죄와 질병과 굶주림은 일상이었다.

관념적으로도 빅토리아 시대는 철저하게 이중적이었다. 특히 남녀 차별이 극심해져서 남성은 육체적 정신적으로 우월하고 여성은 열등하다는 믿음이 만연했다. 남성의 욕망은 당연하고 여성의 욕망은 불순하다는 교육이 이뤄졌고 요조숙녀로 살다가 결혼해 철저히 남자를 떠받드는 삶이 이상적인 여성의 삶으로 여겨졌다. 이런 식의 억압을 상징적으로 보여주는 의상이 코르셋이다. 남성의 섹스는 널리 권장되고 심지어 의사가 처방으로 더 잦은 성행위를 권하는 일도 흔했다. 반대로 여성은 순결과 정조를 강요받았으며 철저하게 남편의 섹스 대상으로만 의무를 다해야 했다. 이러다 보니 남자들은 여건이 되면 정부를 두었고, 매춘도 대놓고 번성했다.

지금 기준으로 보면 구역질이 나는 위선의 시대가 오히려 소설이라는 장르가 자라나기엔 최적의 환경이 되어주었다. 계급과 불평등, 풍요와 빈곤, 방종과 억압, 성차별과 여성운동, 과학과 종교 등등 소설의 소재가 차고 넘쳤다. 이 시기 소설은 전체적으로 리얼리즘 성향이 강하고 장면과 심리 묘사가 매우 세밀하다는 공통점을 보인다.

빅토리아 시대 영문학에서 가장 큰 지분을 갖고 있는 작가는 찰스 디킨스(1812~1870)라고 생각한다. 제인 오스틴이 그랬듯 그의 영향력은 시대를 초월한다. 작가나 문학평론가들을 대상으로 역사상 최고의 작가를 물어보는 설문이 종종 이루어지는데, 셰익스피어, 톨스토이, 도스토옙스키, 이 세 명이 순위를 바꿔가며 상단 고정이고, 몇 안 되는 10위권 자리를 디킨스가 비집고 들어갈 정도. BBC 방송국에서 영국인들을 대상으로 설문했을 때는 디킨스가 셰익스피어, 제인 오스틴, 조지

오웰에 이어 4위였다.

찰스 디킨스는 열두 살 때부터 공장에서 일하며 당시 끔찍한 노동 현장과 처절한 가난을 온몸으로 겪었다. 어린 시절 경험은 훗날 그의 소설에 생생한 묘사를 제공하고 깊은 성찰의 바탕이 되었다. 하루 종일 일하고 와서 밤에는 책을 보고 공부한 끝에 그는 공장에서 벗어나 변호사 사무실에서 심부름을 맡았고, 20대에는 신문기자가 되어 견문을 넓힐 수 있었다.

꾸준히 단편을 써 잡지와 신문에 발표하던 그는 1837년에 첫 장편소설을 출간하고 이듬해 그 유명한 《올리버 트위스트 Oliver Twist》를 출간하여 단숨에 인기 작가로 올라섰다. 나는 어린 시절 그림이 곁들어진 (그리고 상당 부분이 편집되고 왜곡된) 어린이용 소설로 처음 봤는데도 올리버가 불쌍해 엉엉 울었던 기억이 난다. 사회고발인 동시에 성장물이고 잔혹한 현실과 동화 같은 꿈이 공존하며 페이지를 펼치는 순간 등장인물들이 진짜 사람처럼 되살아나는 대단한 소설이다.

이후 작가로서 디킨스는 탄탄대로를 걸었다. 《오래된 골동품 상점 The Old Curiosity Shop》《크리스마스 캐럴 A Christmas Carol》《데이비드 코퍼필드 David Copperfield》《두 도시 이야기 A Tale of Two Cities》《위대한 유산 Great Expectations》 등등 걸작으로 불리는 소설들을 잇달아 발표했다.

그의 작품들은 지금 고전 명작으로 대접받는 이상으로 당대에 인기가 있었다. 톨스토이나 도스토옙스키가 존경을 표했고 마르크스도 디킨스를 논했다. 이런 대작가나 석학뿐만 아니라 젠트리 계급과 노동자 계급에서 빅토리아 여왕까지, 남녀불문 디킨스의 소설에 열광하고 신작을 기다렸다. 유명 작가가 된 후에도 신문과 잡지에 작품을 실었던 그는, 아슬아슬한 장면에서 회차를 끊어 다음 회차를 기다리게 만드는 연재 기법을 정착시킨 작가이기도 했다. 특히 별다른 오락거리가 없었던 일반 대중들에게 그의 소설은 지금의 TV 드라마와 영화, 웹툰, 웹소설을 합친 역할을 했으며, 그는 바이런 이후 등장한 슈퍼 셀럽이 되었다.

내가 취미처럼 매년 (이 구절만) 다시 번역해보는 《두 도시 이야기》의 도입부를 보자.

"It was the best of times, it was the worst of times, it was the age of wisdom, it was the age of foolishness, it was the epoch of belief, it was the epoch of incredulity, it was the season of Light, it was the season of Darkness, it was the spring of hope, it was the winter of despair, we had everything before us, we had nothing before us, we were all going direct to Heaven, we were all going direct the other way – in short, the period was

so far like the present period, that some of its noisiest
authorities insisted on its being received, for good or for
evil, in the superlative degree of comparison only."

"최고의 시간인 동시에 최악의 시간이었으며, 지혜의 시
기이자 우매함의 시기였으며, 믿음의 시대이면서 불신
의 시대였고, 빛의 계절이자 어둠의 계절이었고, 희망의
봄이자 절망의 겨울이었고, 모든 것이 눈앞에 있으면서
아무것도 없었고, 다 같이 천국으로 가고 있었으나 지
옥으로 가기도 했고, 말하자면, 지금 시대와 마찬가지로
떠들기 좋아하는 몇몇 권위자들은 의도가 좋든 악하든
간에 과장된 비교를 통해서 그 시대를 이해시키려고 고
집했다."

이 소설의 시대적 배경인 프랑스혁명기(정확히는 혁명 직전)에
관한 설명이지만 빅토리아 시대와도 어울리고 지금 우리나라
이야기 같기도 하다. 정의로운 사회와 엄혹한 사회는 에탄올과
메탄올처럼 다른데 사람들은 종종 그 차이를 잊어버린다.

여러모로 찰스 디킨스와 대조되는 삶을 살았던 브론테 자
매도 빼놓을 수 없다. 직접 가본 적은 없으나 지금도 황량하다
는 시골 요크셔 하워스(찾아보니 주요 산업이 브론테 박물관의 관

광 수입이라고 한다)에서 그들은 태어났다. 어머니는 일찍 세상을 떠나고 성공회 사제인 아버지와 살았는데, 황무지 같은 주변 환경과 완고한 아버지의 결합으로 집안 분위기는 우울함 그 자체였다고 기록되어 있다. 여기에 앞에서 설명한 빅토리아 시대의 빈곤과 성차별까지 더해졌으니, 어머니와 세 자매 모두 요절한 이유도 짐작이 간다. 위로 언니 두 명이 더 있었는데 각각 열 살, 열한 살에 죽었다. 반면에 아버지는 여든네 살까지 살았다.

샬럿 브론테Charlotte Brontë(1816~1855)는 《제인 에어Jane Eyre》를 썼고, 에밀리 브론테Emily Brontë(1818~1848)는 《워더링 하이츠Wuthering Heights》(폭풍의 언덕), 앤 브론테Anne Brontë(1820~1849)는 《아그네스 그레이Agnes Grey》를 썼다. 세 자매가 쓴 시를 모아서 낸 시집도 있다. 다른 소설을 몇 편 더 남긴 샬럿이나 앤과 달리, 에밀리 브론테의 이름으로 나온 소설은 딱 하나 《워더링 하이츠》뿐이다. 세 자매는 모두 필명(남자 이름)으로 책을 냈다.

《제인 에어》와 《워더링 하이츠》는 1847년에 나란히 출간되었다. 《제인 에어》가 베스트셀러가 되고 호평받은 것과 달리 《워더링 하이츠》는 독자들에게 완전히 외면당했고 언니 샬럿으로부터도 인정받지 못했다. 에밀리 브론테는 책을 낸 이듬해 세상을 떠났고 이 작품은 완전히 잊힐 뻔했다. 그러나 블레이크가 그랬듯 20세기로 넘어오면서 서머싯 몸을 비롯한 작가들이 이 소설을 재조명하기 시작했다. 특히 버지니아 울프는 인생 소설로 칭송했다. "에밀리 브론테는 우리가 알고 있는 인간에 대한 모든 것을 찢어버리고, 현실을 초월하는 생명의 돌풍으로 가득 채운다."

뒤늦게 작품을 접한 평론가와 독자들도 잇따라 찬사를 보내면서 이 소설의 평가는 끝도 없이 올라갔다. 《제인 에어》도 빅토리아 시대를 대표하는 훌륭한 소설이지만, 현재 영국 내 평가는 《워더링 하이츠》가 훨씬 앞서서 단일 작품으로는 영문학에서 최고 자리를 다투는 소설이 되었을 정도. 로맨스와 공포 장르의 요소를 고루 갖고 있어 영화로도 많이 만들어졌다. 찾아보니 메이저급 스튜디오에서 만든 영화만 10편이 넘는다. 숨 막히면서도 강렬한 독서 경험을 하고 싶다면 《워더링 하이츠》가 정답이다.

오스카 와일드(1854~1900)도 빼놓을 수 없다. 그의 작품은 빅토리아 시대를 뛰어넘는 현대성을 갖고 있지만, 한 인간으로서 그의 삶은 빅토리아 시대의 명암과 위선을 적나라하게 보여주는 좋은 예다.

여왕의 주치의까지 지냈던 부유한 의사 아버지 밑에서 풍족하게 자란 그는 뛰어난 글솜씨와 화려한 의상 그리고 좌중을 휘어잡는 언변으로 영국과 미국을 오가며 사교계에 이름을 날렸다. 1881년에 첫 시집을 내고 이후 장편소설 《도리언 그레이의 초상The Picture of Dorian Gray》, 희곡 〈살로메Salomé〉 등의 걸작을 써내며 디킨스의 뒤를 잇는 인기 작가가 되었다. 의외로 동화도 여럿 써서 우리나라에도 유명한 《행복한 왕자The Happy Prince》가 그의 작품이다.

작품으로만 인기를 얻었던 디킨스와 달리 오스카 와일드는 세련된 외모와 패션 그리고 자아도취적 성격까지 요즘으로 치면 연예인 그 자체였다. 그는 스스로 천재라고 여겼고, 평범이라는 표현을 혐오했다고 전해진다. 작품 세계도 디킨스와는 정반대로 유미주의 쾌락주의 언어유희 등의 표현이 어울린다.

나는 군대를 다녀와서 복학한 후에 오스카 와일드의 희곡 〈진지함의 중요성The Importance of Being Earnest〉을 배웠다. 고백하자면, 내용은 잘 기억나지 않고 기막힌 대사 하나가 아직도 영어로 기억난다. "In married life, three is company, and two is none."

직역하면 '결혼에 있어서 셋은 친구, 둘은 아무것도 아니다' 정도가 될 텐데 배경을 알아야 이해할 수 있다. '둘은 친구가 될 수 있지만, 셋은 깨지기 마련Two's company, Threes's none'이라는 우정에 관한 영어속담을 반대로 비꼰 대사다. 이를 '아이가 있어야 결혼생활이 유지될 수 있다'고 해석하는 사람들도 많은데, 틀렸다. 제대로 된 번역은 '결혼이란 바람을 피우면 잘 굴러가지만 둘만으로는 깨지기 마련'이라는 뜻.

빅토리아 시대는 이런 시대였다. 절제와 금욕 심지어 가난까지 강요하면서도, 극소수 여유 있는 남자들의 사치와 성적 방종에 대해서는 무척 관대했다. 오스카 와일드도 결혼해서 아이도 둘이 있었으나 여자들과 마음껏 즐겨도 큰 문제가 되지 않았을 것이다. 그러나 여자가 아닌 남자와 즐긴다면 심각한 문제였다.

사교계의 슈퍼스타 오스카 와일드의 몰락은 순식간에 찾아왔다. 열여섯 살 연하의 남학생과 동성애 관계가 알려져 소송을 당한 것이다. 당시 동성애는 그 자체로 범죄였고 오스카 와일드는 엄청난 배상금에 중노동을 동반한 실형까지 살아야 했다. 교도소에서 장애를 입었으며, 아내도 그를 떠나 출소 후에도 아이들을 볼 수 없었다. 부와 명예, 건강과 가정을 한꺼번에 잃어버린 것이다. 이후 프랑스에서 구걸로 연명하다가 교도소에서 입은 부상이 악화해 세상을 떠났다. 수많은 작품과 어록을 남긴 채.

"젊을 때는 인생에서 돈이 가장 중요하다고 여겼다. 나이가 들고 보니 정말 그렇다는 걸 알겠다."
"우리는 모두 시궁창에 살고 있지만 누군가는 별을 보고 있다."

"이 세상에서 사람들이 나에 대해 수군거리는 것보다 더 나쁜 것이 딱 한 가지 있다. 나에 대해 이야기하지 않는 것이다."

"언론과 문학의 차이. 언론은 읽을 가치가 없고, 문학은 읽히지 않는다."

"예술을 혐오하는 두 가지 방법이 있다. 하나는 예술을 무작정 혐오하는 것이며, 다른 하나는 예술을 합리적으로 좋아하려는 시도다."

이제 빅토리아 시대의 마지막 작가이자 도입부에 나온 시인을 소개한다. 우리나라에서는 브라우닝 부부나 테니슨보다 더 많이 사랑받고 암송된 시인, 이름부터 로맨틱한 크리스티나 로세티.

그녀는 예술가 집안에서 태어났다. 아버지는 정치적 이유로 이탈리아에서 런던으로 망명한 시인이었고, 어머니는 앞에 퍼시 셸리 이야기를 할 때 나왔던 소설가 폴리도리(바이런의 주치의이자 소설 《뱀파이어》의 저자)의 여동생, 오빠는 자기 그림에 시를 써서 주석을 다는 루틴으로 유명한 화가이자 시인 단테 가브리엘 로세티.

크리스티나 로세티의 시도 대학교 1학년 때 배웠는데, 일단 쉬워서 마음에 들었다. 그리고 그 어떤 영시보다 더 익숙한 느낌이었다. 그때는 왜 그렇게 익숙한지 이유를 몰랐는데, 지금 생각해보니 우리 80년대 가요 중 사랑 노래 가사와 정말 비슷하다. 특히 지금은 작고한 이영훈 씨가 가사를 썼던 이문세 노래와 제일 정서가 비슷하다.

어릴 때부터 시를 즐겨 썼던 크리스티나 로세티는 제인 오스틴이 그랬던 것처럼 두 번의 연애를 경험했다. 열여덟 살 때의 약혼과 서른 살 때 연애 모두 상대가 가톨릭이라는 이유로 헤어졌다. 그 후 서른한 살에 첫 시집 《고블린 도깨비 시장 Goblin Market and Other Poems》을 출간해 상당한 반응을 얻었다. 마침 시집이 출간되기 직전에 엘리자베스 브라우닝이 죽어서 애통해하던 팬들이 크리스티나 로세티를 계승자로 점찍고 열렬한 지지를 보내기도 했다.

두 번째 연애 이후, 그녀는 은둔에 가까운 독신 생활을 했다. '행복이란 죽음 너머에 있는 감정'이라고 말할 정도로 현생에 관해서는 비관적인 입장이기도 했다. 이별과 슬픔을 노래한 시가 대부분. 한 편 더 읽어보자. 우리나라에는 *사랑의 종말*이라는 제목으로 알려진, *끝An End*이라는 시다.

죽음만큼 강한 사랑이 죽어버렸다.
어서 와, 시드는 꽃들 사이로

그가 누울 자리를 만들자
머리에는 푸른 잔디 한 덩이
발에는 돌멩이 하나 놓고
고요한 저녁 시간에
그곳에 앉아 있자.

그는 봄에 태어나
가을이 되기 전에 죽었지.
차가운 잿빛 가을 황혼을
맞이하고 싶지 않았는지
여름의 마지막 날 그는 떠났어.
우리 무덤가에 앉아
가버린 사랑을 노래하자.

낮고 슬픈 음률에 맞춰
노래하고 나면
그늘의 장막이 드리운
풀밭을 몇 년이고 응시하자.
그러면 모든 것이
오래전 일이라고 여겨지겠지.

아무래도 난 단단히 착각에 빠진 것 같다. 왠지 이 시가 가요 노랫말로 인용된 적이 있는 것 같다. 특히 '무덤가에 앉아 가버린 사랑을 노래하자'는 구절이 너무 낯익어 꽤 오래 찾아보았는데 실패했다. 워낙 많이 인용되어 나도 모르게 친숙해진 것 같다.

영시를 원문으로 읽고 싶지만, 도치, 생략, 상징 등등의 기교와 툭하면 튀어나오는 고전 인용 때문에 곤란을 겪은 분들에게는 로세티의 시가 제격이다. 쉽게 읽힌다고 그녀의 시 세계를 만만하게 봐선 안 된다. 은둔 생활을 하면서 꾸준히 써낸 시들이 높은 평가를 받아 테니슨의 뒤를 이을 계관시인 후보로 거론되기까지 했으니. 그러나 난치병이 발병해 고생하다가 결국 암까지 걸려 테니슨의 뒤를 따라 세상을 떠났다.

로세티도 갔으니, 이제 우리도 빅토리아 시대를 떠나기로 하자.

처절한 불운 속에서도

A dream within a dream

Edgar Allan Poe(1809~1849)

Take this kiss upon the brow!
And, in parting from you now,
Thus much let me avow –
You are not wrong, who deem
That my days have been a dream;
Yet if hope has flown away
In a night, or in a day,
In a vision, or in none,
Is it therefore the less *gone*?
All that we see or seem
Is but a dream within a dream.

I stand amid the roar
Of a surf-tormented shore,
And I hold within my hand
Grains of the golden sand –
How few! yet how they creep
Through my fingers to the deep,
While I weep – while I weep!
O God! Can I not grasp

Them with a tighter clasp?
O God! can I not save
One from the pitiless wave?
Is *all* that we see or seem
But a dream within a dream?

꿈속의 꿈

에드거 앨런 포

이마에 키스를 허락해줘요!
그리고 당신과 헤어지는 지금
이것만은 고백할게요.
내 하루하루가 꿈에 불과하다고 했던
당신 말은 틀리지 않아요.
그렇다면 희망이 날아가버렸다 해도
그때가 밤이든 낮이었든 간에
그 모습이 헛것이든 아무것도 아니든 간에
희망이 줄어든 건 아니잖아요?
우리가 보는 모든 것들과 우리의 모든 모습은
그저 꿈속의 꿈일 뿐이니까.

세찬 파도가 굉음으로 부서지는 바닷가에
홀로 서 있어요.

금빛 모래 한 줌을 손에 꼭 쥐고 있죠.
아쉬워라! 얼마 안 되는 모래들이
손가락 사이로 빠져나가 바다로 떨어집니다.
내가 흐느끼는 사이, 내가 흐느끼는 사이에!
오 하느님!
더 꼭 잡을 수 없나요?
오 하느님! 자비 없는 파도로부터
모래 한 알이라도 지킬 수 없나요?
우리가 보는 모든 것들과 우리의 모든 모습은
그저 꿈속의 꿈일 뿐인가요?

대학 시절 미국 문학 수업은 3학년 때 들었던 걸로 기억한다. 영문학 개론 교재보다는 더 얇고 보기 편한 책이었고, 역사가 짧다 보니 대부분 현대 영어로 쓴 작품들이라 읽기도 편했다. 다만, 영국 문학에 비해 작가와 작품 숫자가 현저히 적어 허전한 첫인상은 어쩔 수 없었다. 곧 '그분'을 만나면서 정신이 번쩍 들었지만.

먼저 간단하게 미국 문학의 흐름을 짚어보도록 하자. 역사 기록에 가까운 글이나 청교도를 주제로 한 종교문학이 아닌, 미국만의 문학은 독립혁명기가 되어야 시작된다. 물론 이 시기의 문학은 혁명사상을 고취하려는 주제 의식의 한계를 보인다. 독립전쟁에서 승리한 후 제퍼슨을 비롯한 소위 건국의 아버지들이 쓴 선언문과 연설문이 대표적이다.

당시 미국의 삶을 서간체로 묘사한 《어느 미국 농부의 편지 Letters from an American Farmer》(1782)나 미국의 자연을 노래하고 애국심을 강조하는 필립 프리노Philip Freneau(1752~1832)의 시는 좀 더 문학 본연의 주제와 가까워졌다는 점에서 의의가 있지만, 여전히 미국 문학계에서는 두 가지 큰 주제에 얽매여 있었다. 청교도적 가치와 신생 독립국으로서의 진취성.

미국 문학이 본격적으로 성장한 시기는 19세기 중반이 되어서다. 이 시기를 미국의 낭만주의 시대라고 부르는데 대략 1820년에서 1865년까지로, 영국의 낭만주의 시대보다 약간 늦다고 보면 되겠다. 느슨하다 못해 따분한 기분으로 수업을 듣고 있던 나를 단숨에 매료시킨 작가, 에드거 앨런 포가 이 시기의 대표 작가다.

불운하고 고통스러운 인생을 살았던 작가들을 앞에서 여럿 봤지만, 처절함으로 치면 포의 인생이 단연코 일등일 것이다. 한 편의 비극과도 같은 그의 삶은 시작부터 불쌍했다. 한 살 때 아빠가 집을 나갔고, 두 살 때 엄마가 죽었다. 그때부터 떠돌이로 생활하다가 어느 장사꾼에게 입양되었는데, 엄하고 무서운 성격이라 관계는 최악으로 치달았다고 한다.

열네 살 때 영국으로 건너가 잠시 학교에 다니고 열일곱 살에 다시 미국으로 돌아왔지만, 어린 나이부터 술과 도박에 빠져 빚을 지고 퇴학당했다. 당시 약혼했던 여자와도 양가 집안의 반대로 헤어지게 되자 그는 궁여지책으로 군대에 들어갔다. 의외로 적성에 맞았는지 이후 장교가 되기 위해 웨스트포인트(미국 육군사관학교)에 입학했다. 그러나 사관학교의 엄격한 분위기에 적응을 하지 못해 또 술에 빠져들었고 결국 불명예제대로 군 경력도 끝났다. 이 사건으로 격분한 양아버지는 포를 호적에서 파버리고 집에서 내쫓았다.

어린 나이에 이미 망가질 대로 망가진 인생이었으나 문학에 대한 열정은 막을 수 없었다. 군대에 있는 동안 자기 돈으로 두 권의 시집을 냈고, 군에서 나온 후에는 육사 동기들의 도움을 받아 1831년에 세 번째 시집을 출간했다. 다만 생활고는 여전해서 고모 집에 얹혀살아야 했다.

고모 집도 찢어지게 가난한 상황이었으나, 그곳에는 포의 인생을 송두리째 바꾼 존재가 있었다. 요즘으로 치면 초등학생이었던 사촌 버지니아 클램. 이들은 1836년, 포가 스물일곱 살 버지니아 클램이 열세 살 때 결혼했다. 사촌끼리의 결혼에 놀라는 분들이 있을 텐데, 우리나라가 유독 근친혼에 엄격해서 그렇지 지금도 사촌 혼인을 허용하는 나라가 금지하는 나라보다 더 많다. 특히 왕실은 전통적으로 근친혼이 많아서 빅토리아 여왕과 앨버트 공도 사촌 남매간이다.

다만 열세 살이라는 신부의 나이는 문제가 되었다. 당시 미국 남부에서 사춘기 소녀들이 결혼하는 일이 종종 있었다고 하나 스물일곱 살 성인과 열세 살 아이의 결혼은 적잖은 논란거리였다. 신부 나이를 무려 여덟 살 올려서 적은 둘의 혼인신고서가 남아 있다.

우여곡절 끝에 결혼한 후, 포의 본격적인 창작 활동이 시작된다. 시인으로 창작을 시작했던 그가 직접 문학잡지까지 펴내며 단편소설을 쏟아낸 시기이기도 하다. 1839년에 《어셔 가의 몰락The Fall of the House of Usher》을 발표하는데, 포 작품 중에서 내가 제일 좋아하는 소설이다. 우리나라에서도 여러 번역으로 출간된 포 작품집에 빠지지 않는 소설이니, 직접 읽어보시길. 1841년에는 《모르그 가의 살인사건The Murders in the Rue Morgue》을 썼다. 《프랑켄슈타인》이 최초의 SF라면 이 작품은 최초의 추리소설이다. 영국의 코난 도일에게 결정적인 영향을 끼쳤고, 〈셜록 홈즈 시리즈〉 중 《주홍색 연구》에 포가 창조한 뒤팽의 이름이 슬쩍 등장하기도 한다. 이후에도 《검은 고양이》《도둑맞은 편지》 등등 많은 소설을 집필해 미스터리 장르를 위한 초석을 놓았다.

그의 공로를 기려 상도 만들어졌다. 미국 추리작가협회에서 매년 미국 최고의 미스터리 작품, 논픽션, TV, 영화, 극본 부문 등을 시상하는데 이를 '에드거 상The Edgar Awards'이라고 부른다. 일본의 인기 작가 에도가와 란포 역시 에드거 앨런 포에서 따온 필명이다. 지금은 이렇게 추앙받고 있지만, 살아 있을 때는 제대로 인정받지 못하고 궁핍한 생활에서도 벗어나지 못했다. 예민한 성격 때문에 출판업계 사람들과의 불화도 유명하다. 결국 그는 직접 운영하던 문학잡지를 폐간하고 말았다.

1847년, 포가 서른아홉 살이 되던 해에 결정적인 불행이 찾아왔다. 젊은 나이에도 늘 건강이 좋지 못했던 아내 버지니아 클램이 스물네 살 나이로 세상을 떠난 것이다. 둘은 부부와 남매를 합쳐놓은 관계였으며, 그녀의 죽음에 포가 무척 상심했다고 전해진다. 그는 아내를 향한 그리움을 시 *애너벨 리Annabel Lee*로 남겼다.

아주 아주 먼 옛날 바닷가 왕국에
한 소녀가 살았어요.
애너벨 리라는 이름을 들어봤나요?
오직 나를 사랑하고
나에게 사랑받는 일밖엔 몰랐던 소녀.

바닷가 왕국에서 나도 그녀도 어린아이였죠.
하지만 우리는 사랑보다 더한 사랑을 했어요.
애너벨 리와 나는
날개 달린 대천사들이 탐내는 사랑을 했죠.

그래서 구름으로부터 불어온 바람이
나의 아름다운 애너벨 리를 떨게 했어요.
그래서 지체 높은 친척들이 그녀를 데려가
바닷가 왕국의 무덤에 가둬버렸답니다.

바닷가 왕국 사람들은 다 알았죠.

천국에서도 우리 반만큼도 행복하지 못했던 천사들이

우리를 시기했고

밤의 구름에서 바람을 보내

나의 애너벨 리를 얼리고 죽였다는걸.

하지만 우리 사랑은 더 강했어요.

우리보다 먼저 살았던 사람들

우리보다 똑똑한 사람들의 사랑보다 더.

하늘 위 천사들 바다 아래 악마들도

우리의 영혼을 떼놓을 수 없어요.

달이 빛날 때마다 애너벨 리의 꿈을 꾸고

별이 뜰 때마다 애너벨 리의 눈빛을 느끼죠.

그래서 나는 온밤을 샙니다.

파도 치는 바닷가 무덤에 갇힌

나의 사랑 나의 인생 나의 신부

애너벨 리 옆에 누워

옛날 옛적 바닷가 왕국이라고 배경을 설정했으나, 나도 아
이였고 그녀도 아이였다는 설명부터가 누가 봐도 포와 아내

이야기다. 그는 지극한 사랑을 질투한 천사가 아내를 데려갔다고 믿으며, 매일 밤 바닷가 무덤 옆에 누워 그리워한다. 그의 사랑이자 삶 그 자체였던 아내를.

로세티의 시를 읽을 때도 말했지만, 시의 품격은 거창하고 어려운 표현이나 화려한 기교에 있지 않다. 이 시는 내가 아는 가장 쉬우면서도 감동적인 영시다. 포의 인생을 떠올리면 더 슬퍼지고, 눈물이 차오른다.

아내의 죽음 후 포는 자살 시도를 하고, 살아난 후에는 다른 여자에게 프러포즈하고, 오래전 약혼자에게 연락하는 등 불안정한 모습을 보였다. 돈도 없고 재기할 의지도 없는 상황에서 점점 더 술에 빠져들어 병원까지 가야 할 정도였다. 그렇게 최후의 순간이 찾아왔다. 뉴욕으로 가는 배를 탔다가 1849년 9월 28일 볼티모어에 내린 기록을 마지막으로 이후 행적이 묘연하다가 그해 10월 3일 길바닥에서 의식불명 상태로 발견되었다.

당시 목격자들에 따르면, '레이놀즈'라는 이름을 계속 외쳤으며, 자기 머리를 총으로 쏴달라고 절규했다고 한다. 병원으로 실려 간 포는 며칠 후 '신이시여, 내 불쌍한 영혼을 돌보소서!'라는 마지막 말을 남기고 세상을 떠났다. 무연고 병자로 사망해 서둘러 장례식을 마쳤고 공동묘지에 비석도 없이 묻혔다가, 훗날 팬들의 도움으로 제대로 된 묘지에 매장되었다.

죽기 전 며칠 동안 포가 어디서 누구와 무엇을 했는지는 지금까지 전혀 밝혀지지 않아 연극이나 뮤지컬의 소재가 되기도 했다. 존 쿠삭 주연의 영화 〈더 레이븐〉으로도 만들어졌는데 포의 대표작이면서 미국 문학을 대표하는 시에서 제목을 따왔다. 그 시 *까마귀The Raven*를 보자. 낭송만 해도 10분 가까이 걸리는 긴 시이기 때문에 대략의 내용을 먼저 산문으로 요약해본다.

사랑하는 르노어Lenore를 잃은 지 얼마 되지 않았던 12월의 음울한 밤이었다. 책을 읽다가 잠깐 졸았나 싶은데 노크 소리가 들렸다. 이 늦은 겨울밤에 누구지? 두려워 망설이다가 결국 문을 열었는데, 밖에는 어둠밖에 없었다. 나도 모르게 그녀의 이름 르노어를 부르자 메아리가 돌아올 뿐. 르노어, 르노어….

문을 닫고 다시 집 안으로 들어왔지만, 노크 소리가 더 커졌다. 아, 문이 아니라 창문이었구나. 창문을 열자 큰까마귀 Raven 한 마리가 퍼덕거리며 들어오더니 방에 있는 조각상 위에 앉았다. 대체 이건 뭐지?

장난으로 이름을 물어보자, 까마귀의 대답은 "절대 안 되지 Nevermore."

새가 말한다고? 깜짝 놀란 나는 이렇게 중얼거렸다. "친구들이 모두 나를 떠난 것처럼, 희망이 떠난 것처럼, 저 새도 곧 나를 떠나겠지." 그러자 까마귀의 대답은 "절대 안 되지 Nevermore."

나는 의자에 기대앉아 까마귀의 대답이 무슨 뜻일지 고민했다. 이놈의 흉측하고 불길한 모습을 보면 악마의 전령 같아. 잠깐만! 그렇다면 죽은 자들의 세계에서 왔을 테니, 르노어에 대해서도 알고 있지 않을까? 나는 물었다. "멀리 에덴동산으로 가면 르노어를 다시 안아볼 수 있을까?" 그러자 까마귀의 대답은 "절대 안 되지 Nevermore."

과연 화자와 까마귀는 어떻게 되었을까? 마지막 두 연은 원문으로 읽어보자.

"Be that word our sign of parting, bird or fiend!" I shrieked,
upstarting –
"Get thee back into the tempest and the Night's Plutonian
shore!
Leave no black plume as a token of that lie thy soul hath
spoken!
Leave my loneliness unbroken! – quit the bust above my door!
Take thy beak from out my heart, and take thy form from off
my door!"
Quoth the Raven "Nevermore."

And the Raven, never flitting, still is sitting, *still* is sitting

On the pallid bust of Pallas just above my chamber door;

And his eyes have all the seeming of a demon's that is

dreaming,

And the lamp-light o'er him streaming throws his shadow on

the floor;

And my soul from out that shadow that lies floating on the floor

Shall be lifted – nevermore!

"그 한마디를 우리의 작별 인사로 삼자. 네가 새든 악마든!

폭풍 속으로, 죽음의 신이 다스리는 밤의 해변으로 돌아가!

네가 내뱉은 거짓말과도 같은 검은 깃털 하나도 남기지 말고!

나의 고독을 깨뜨리지 말고 문 위의 조각상에서 떠나라고!

심장을 쪼는 부리도 문에 드리운 형상도 모두 가져가!"

내가 일어나 외치자, 까마귀의 대답은 "절대 안 되지Nevermore."

까마귀는 날아가지 않고 지금도 앉아 있어.

침실 문 바로 위에 있는 팔라스(아테나) 여신의 창백한 흉상에.

꿈꾸는 것 같은 놈의 눈은 악마의 눈과 똑같고

등잔불에 비친 놈의 그림자는 마루 위로 드리워 있어.

바닥에 어른거리는 놈의 그림자로부터

내 영혼이 구원받을 일은, 영영 없으리Nevermore.

국내 번역본이 워낙 많은데, 'Nevermore'는 다양하게 번역되어 있다. '아무것도 아니다' '단지 그것뿐' '영영 없으리' '다시는 안 된다' 등등. 나는 까마귀가 화자를 조롱하는 태도나 실제 울음소리를 떠올려보면 그렇게 엄숙한 느낌보다는 약 올리는 느낌이 재미있겠다 싶어 "절대 안 되지"라고 옮겼다. 그리고 모든 번역본에서 'Nevermore'의 해석을 한 단어로 처음부터 끝까지 되풀이하는데, 영어 단어의 다양한 의미를 생각하면 굳이 그렇게 할 필요는 있을까. 그래서 나는 앞에서는 '절대 안 되지'로, 마지막 'Nevermore'는 'Never ever'의 의미로 옮겨보았다.

원어에는 화자의 옛 연인 Lenore와 Nevermore가 운율을 만들어내는데 우리말로 옮길 때는 운율이 깨지므로, 그 부분만큼은 꼭 원문을 보면서 음울하고 스산한 맛을 느껴보자. 르노어, 르노어… 네버모어, 네버모어….

워낙 유명한 시인 만큼 관련 논문도 정말 많고 까마귀의 상징에 대해서도 다양한 의견이 있다. 인용한 부분에 'Plutonian shore'라는 표현이 직접 나오니, 플루토Pluto(그리스 신화에서 하데스에 해당하는 로마 신화의 신)가 보낸 저승사자라고 보면 무난하다. 하지만 나는 까마귀가 포의 환각을 상징한다고 본다. 헛

것을 보면서 절규하고 불안과 공포에 떠는 것이다. 태어날 때부터 그를 따라다닌 불운과 불행이 대상화된 것일 수도 있겠다. 이런 상징은 포의 유명한 소설《검은 고양이》와도 맥락이 닿는다.

아쉬운 점 하나. 이 시 제목 'The Raven'은 까마귀 중에서 '큰까마귀'인데 우리나라에는 대부분 '갈까마귀(갈가바귀)'로 번역되어 있다. 앞서 워즈워스의 시 제목이 '초원의 빛'으로 번역된 것을 오역이라고 할 수는 없으나, 이건 확실한 오역이라고 생각한다. 주로 북미 지역에 사는 큰까마귀와 우리나라에 사는 갈까마귀는 달라도 너무 다르기 때문이다.

검색해보니 큰까마귀는 까마귀 중 가장 크다. 날개를 펴면 1미터가 훌쩍 넘어 독수리와 헷갈리는 사람이 많을 정도라 하니 말 다 했다. 반대로 갈까마귀는 까마귀 중에서 가장 작은 종이다. 같은 개라고 시베리안 허스키Siberian Husky를 치와와로 번역하면 되나? 온통 시커먼 큰까마귀와 달리 갈까마귀는 작은 체구에 흰색이나 회색도 섞여 있어서, 설령 집에 들어와도 조류 공포증이 있는 사람이 아니라면 무섭기는커녕 귀여워 보였을 것 같다. 큰까마귀라는 이름이 낯설다면 그냥 까마귀라고 하는 편이 나을 것이다.

포는 평론가로도 활동했다. 그의 평론을 읽어보고 싶었지만 못 찾았는데, 직접 문학잡지를 만들었고 문단과 출판계에 적이 많았다는 사실을 상기해보면 상당히 열정적이고 공격적인 평론가였음을 짐작할 수 있다. 반대로 포 역시 당대 미국 문단의 평론가들에게 철저하게 외면당했다. 그의 진가를 처음 알아본 은인도 프랑스 시인 보들레르였다. 만약 포의 성격이 온화했고 평론가로서도 다른 작가에게 너그러운 태도를 보였다면, 당대에도 인정받을 수 있었을까? 19세기 미국에서 가장 천대받았던 작가가 지금은 19세기 미국 문학을 대표하는 거장으로 추앙받고 있는 현실이 너무 안타깝다 보니 엉뚱한 상상마저 하게 된다.

어린 시절 부모의 죽음, 양부모와의 불화, 지독한 가난, 알코올 중독, 문단에서의 고립, 대중으로부터의 외면, 아내의 죽음 등등 포는 작가가 겪을 수 있는 모든 종류의 고난을 다 겪었고 최후마저 비참했다. 포는 고행 같은 삶을 살면서도 시와 희곡 양쪽에서 일가를 이룬 셰익스피어처럼 시와 소설 양쪽에서 미국 문학의 기둥을 세웠다.

포의 영혼이 스티븐 킹에 깃들었다는 상상을 해본다. 스티브 킹은 세계 최고의 베스트셀러 작가가 된 후에도 수십 년 동안 집필에 몰두하고 있다. 단편소설은 셀 수가 없고 장편소설만해도 60편(!)이 넘는다. 그의 책은 전 세계에서 3억 5,000만 부 이상 팔렸고, 영화나 드라마로 만들어진 작품만 세도

100편이 훨씬 넘는다. 꽤 많은 소설을 썼다고 자부하는 나조차도 스티븐 킹의 경악스러운 생산력이 세계 8대 미스터리라고 생각하는데, 포의 영혼이 킹에게 들어가 못다 펼친 창작열을 불태웠다고 생각하면 의문이 풀린다.

에드거 앨런 포는 하늘에서 아내를 만났을까? 모르긴 해도, 미스터리의 신 자리는 확실히 꿰챘을 것이다. 으스스한 의자에 앉아 나처럼 허우적대는 후배 작가를 굽어보고 있을 포의 모습이 상상된다. 어깨에는 까마귀가 발치에는 검은 고양이가 누워 있다.

"위대한 포 신이시여, 제가 당신처럼 끝내주는 소설을 쓸 수 있을까요?"

"네버모어…."

너, 나, 우리의 노래

Song of myself

Walt Whitman(1819~1892)

Tenderly will I use you curling grass,

It may be you transpire from the breasts of young men,

It may be if I had known them I would have loved them,

It may be you are from old people,

or from offspring taken soon out of their mothers' laps,

And here you are the mothers' laps.

나의 노래 중 일부

월트 휘트먼

너를 다정하게 대할 거야, 휘감기는 풀아
젊은이들의 가슴에서 네가 나왔을 수도 있는데
내가 그들을 알았다면 사랑했을지도 모르잖아.
어쩌면 넌 노인에게서 왔을까?
아니면 엄마 품에서 막 떨어진 아기로부터?
그래, 여기 엄마 품.

학교에서 배운 모든 작가가 다 좋았을 리 없다. 셰익스피어에 열광했고 존 던도 재미있었지만, 신고전주의 작가들은 별 감흥이 없었다. 낭만주의에 흠뻑 빠졌던 것과 달리 제인 오스틴은 내 취향이 아니었다. 미국 작가들도 마찬가지여서 포는 배우지 않은 작품들도 찾아 읽었으나 시험공부만 억지로 했던 작가들도 있다. 대표적인 작가들이 랠프 월도 에머슨Ralph Waldo Emerson(1803~1882)과 헨리 데이비드 소로David Thoreau Henry(1817~1862)다.

미국 문학사에서 이 둘의 중요성은 영국 문학에서 낭만주의 시인들이 갖는 무게와 비슷하다고 보면 된다. 이들이 설파한 '초월주의'는 독립 후 미국이 최초로 갖게 된 독창적 철학이었다. 넓게 보면 낭만주의에 영향을 받았다고 할 수 있는데(에머슨이 영국에 가서 워즈워스와 콜리지 등을 만난 적 있다), 두산백과의 설명을 간단히 정리하면 이런 내용이다.

'초월주의(초절주의)는 인간과 자연에 본질적인 선함이 존재한다고 믿고, 현실 세계의 유한성을 부정하고 그 너머에 감각으로는 파악할 수 없는 초월 세계가 있다고 믿었다. 이성적인 개인의 자율성을 중시하는 동시에 자연 속에서 신과 합일할

수 있다고 생각했다. 일정한 체계를 갖춘 철학사상이라기보다는 문명비평이나 문학운동에 가깝게 변해갔다.'

에머슨과 소로는 친구 사이였으나 삶의 궤적은 달랐다. 시인이자 수필가였던 에머슨은 기고와 강연도 많이 하면서 활발하게 활동했다. 사회적 명망과 상당한 재력도 갖춘 덕에 소로의 친구이면서 후견인 역할도 했다. 일흔이 넘는 나이까지 살면서 남긴 작품들도 많아 미국 문학 발전에 상당한 공헌을 인정받는다. 앞서 시를 소개한 휘트먼과 더불어 '진짜 미국적인 문학의 뿌리'라고 불리기도 한다.

에머슨과 달리 소로는 숲속에 집을 지어놓고 은둔자로 살았다. 신문 기고는 많이 했으나 생전에 출판한 책은 단 두 권뿐이고, 그마저도 시보다는 수필에 가까운 글이다. 수입이 거의 없으니 당연히 재산도 없었고 에머슨의 후원으로 (둘이 소원해진 기간이 있었음에도) 생계를 유지했다. 마흔네 살에 세상을 떠났고 남긴 작품도 별로 없다. 하지만 브론테 자매가 그랬듯 세월이 흐를수록 그의 이름에 빛과 무게가 더해졌다.

특히 시인지 수필인지 철학서인지 뭐라 규정하기 어려운 소로의 저서 《월든》은 은둔과 해탈의 기록으로 (나를 제외한 많은 이들에게) 찬양받는다. 그중 앞서 소개한 《두 도시 이야기》의 첫 문장처럼 번역에 따라 맛이 천차만별로 달라지는 문장을 원문과 함께 보자.

"I went to the woods because I wished to live deliberately, to front only the essential facts of life, and see if I could not learn what it had to teach, and not, when I came to die, discover that I had not lived."

"유유자적 살고 싶어서, 인생의 정수만을 마주하고 싶어서, 삶이 주는 가르침을 배울 수 있을지 알아보기 위해서, 죽는 순간 내가 헛살았다는 사실을 깨닫고 싶지 않아서, 나는 숲으로 갔다."

에머슨이 친구 소로의 삶을 인상주의 화가처럼 글로 담아 낸 《소로와 함께한 나날들》이라는 특별한 책도 있다. 이 책을 준비하면서 읽어봤는데, 나에게는 둘의 다른 저작보다 더 재미있었다. 이외에도 둘이 주고받은 편지나 일기도 많이 남아 있고, 소로가 10년 동안 식물을 관찰하고 남긴 글도 책으로 나와 있다. 제목은 《야생화 일기》.

대학에 다닐 때 내가 에머슨과 소로에게 끌리지 않은 이유는 일탈과 전복의 이미지가 없었기 때문이다. 그리고 어릴 때나 지금이나 입바른 소리를 늘어놓는 사람은 질색인데, 그때 에머슨과 소로의 글이 꼭 그런 '좋은 말씀'처럼 느껴졌다. 특히 에머슨은 강연을 많이 해서 그런지, 더욱 설교 같은 느낌이 든다. 그의 시 *성공이란 무엇인가?What is Success?*를 읽어보자.

자주 웃고 크게 웃는 것

똑똑한 사람들로부터는 존경받고

아이들로부터는 사랑받는 것

정직한 비평가들에게 인정받고

거짓된 친구들의 배신을 견뎌내는 것

아름다움을 알아보는 것

타인의 최고 장점을 발견하는 것

건강한 아이를 남기거나 작은 정원을 가꾸거나

사회를 개선하거나, 어떤 식으로든

세상을 조금이라도 더 나은 곳으로 만들고 떠나는 것

단 한 사람이라도 당신 덕분에 더 편하게 숨 쉬었음을

알게 되는 것

이래야 성공했다고 할 수 있다.

지금 기준으로 문학보다는 자기계발 서적에 실릴 만한 글인데, 한참 사회의 기틀을 잡아가던 당시 미국에서는 지금과 다른 울림을 줬을 것 같다. 실제로 요즘 서점에서 에머슨의 책은 경영이나 자기계발 코너에 꽂혀 있다. 책 제목들이, '성공의 법칙' '자기 확신에 대하여' '세상의 중심에 너 홀로 서라' '에머슨의 위대한 연설' 등등.

소로도 크게 다르진 않아, 이를테면 그의 대표작 《월든》에

이런 주장이 나온다. "내가 보기에 이 고장 젊은이들의 불행은 농장과 주택, 창고와 가죽과 농기구들을 유산으로 받은 데 기인한다. 이런 것들은 일단 얻으면 버리기가 쉽지 않다." 지금 생각해보면 이런 주장이야말로 기존 체제에 대한 반기였다. 게다가 소로는 말만 이렇게 하지 않고 온몸으로 문명과 자본주의를 거부한 진짜 반항아였다. 다만 그 방식이 바이런 같은 요란한 일탈이 아니라 고요한 은둔이었을 뿐.

에머슨과 소로는 미국 문학사에 중요한 인물들이긴 하나, 미국의 대표 시인으로 손가락에 꼽히진 못할 것이다. 사상가나 활동가 이미지가 강하기 때문이다. 보통 미국의 대표 시인이라면 에드거 앨런 포, 에밀리 디킨슨, 로버트 프로스트, 랭스턴 휴스Langston Hughes(1902~1967)와 함께 이 이름이 꼭 들어간다. '가장 미국적인 시인'으로 칭송받는 월트 휘트먼.

평범한 (당시에는 대부분 가난했다) 집안에서 태어나 자란 그는 잠시 교사와 편집자로 일한 후 본격적으로 시를 쓰기 시작했다. 남북전쟁에서 북부군으로 참전했고, 생계가 어려울 때는 신문사에서 일자리를 찾곤 했으나 인생 대부분을 시 쓰기에 바쳤다. 그리고 시 쓰기의 대부분을 시집《풀잎Leaves of Grass》을 고치고 또 고치고 불리고 또 불리는 일에 바쳤다. 초판에 겨우 12편의 시만 실렸던 이 시집은 거듭 개정판을 거치면서, 죽기 직전에 발표한 소위 임종판Deathbed Edition에는 389편의 시를 실은 대작이 되었다. 이쯤 되어야 개정판인 걸까?

휘트먼의 또 다른 시, 제목부터 떡하니 '아메리카'가 들어 있는 **미국의 노래를 듣는다**I Hear America Singing를 원문과 함께 읽어보자.

I hear America singing, the varied carols I hear,

Those of mechanics, each one singing his as it should be blithe
and strong,

The carpenter singing his as he measures his plank or beam,

The mason singing his as he makes ready for work, or leaves off
work,

The boatman singing what belongs to him in his boat,
the deckhand singing on the steamboat deck,

The shoemaker singing as he sits on his bench, the hatter
singing as he stands,

The wood-cutter's song, the ploughboy's on his way in the
morning, or at noon intermission or at sundown,

The delicious singing of the mother, or of the young wife at
work, or of the girl sewing or washing,

Each singing what belongs to him or her and to none else,

The day what belongs to the day – at night the party of young

fellows, robust, friendly,

Singing with open mouths their strong melodious songs.

미국의 노래를 듣는다. 다양한 찬가가 들린다.

기술자들은 유쾌하고 힘차게 노래하고

목수는 판자나 들보의 치수를 재며 노래하고

석공은 일을 준비하거나 마치면서 노래하고

노 젓는 사람은 노 저으며 노래하고 갑판원은 갑판에서 노래하고

구두장이는 앉아서 노래하고 모자 만드는 사람은 서서 노래하고

나무꾼의 노래, 하루 종일 쟁기질하면서 부르는 농부의 노래,

어머니나 젊은 아내가 일하면서 부르는 즐거운 노래,

바느질하고 빨래하는 소녀의 노래,

다들 자기만의 노래를 부른다.

낮은 낮의 것으로 두고,

밤이 되면 건강하고 친절한 젊은이들이

활짝 입 벌려 힘차고 아름다운 노래를 부른다.

형식적으로는 운율과 격식을 따지지 않는 자유시를 발전시
킨 휘트먼의 기상을 느낄 수 있다. 내용으로 보면 신도 자연도
그리스 신화도 거창한 철학도 이 시에는 없다. 대신 이름 없는

민중, '철수와 영희'를 시의 주인공으로 내세웠다. 큰 사건 대신 평범한 일상을 노래하면서도 조국에 대한 애정과 자부심이 가득하다.

앞서 미국의 대표 시인으로 언급했던 랭스턴 휴스는 훗날 이 시에 화답하는 것 같은 시 *나도I, Too*를 썼다. 참고로 휴스는 흑인 백인 아메리카 원주민의 피가 모두 섞인 혼혈이었으며, 인종차별과 맞서 싸우며 시를 썼다. 당시에는 '짐 크로우법'(공공장소에서 백인과 흑인을 분리하는 법)이 있었다는 배경지식을 상기하며 그의 시를 보자.

나도 미국을 노래합니다.
나는 피부색이 더 어두운 형제입니다.
그들은 손님이 오면
나를 부엌에 가서 먹게 했지만
나는 웃습니다.
잘 먹죠.
그리고 강해집니다.

내일은
손님이 와도
난 식탁에 앉아 있을 겁니다.

그때는 아무도 감히
나에게 말 못 하죠.
"부엌에서 먹어"라고.

게다가,
내가 얼마나 아름다운지 보고
부끄러워질 겁니다.

그래요, 나도, 미국입니다.

이를 래퍼들의 디스전처럼 여기면 곤란하다. 휴스는 휘트먼을 좋아하고 존경했다. 그는 휘트먼이 미국의 가장 위대한 시인이었으며, 《풀잎》은 민주주의의 진정한 의미를 가장 위대하게 표현한 작품이라고 찬양하곤 했다. 둘 다 동성애자였다는 이야기도 속설과 정설 사이에 있다.

휘트먼의 시를 한 편 더 읽어보자. 이 시는 영화 〈죽은 시인의 사회〉에서 가장 유명한 장면에 등장한다. 공부밖에 모르는 학생들에게 공부뿐만 아니라 인생의 진정한 의미를 알려주려 했던 키팅 선생님(배우 로빈 윌리엄스)이 학교에서 쫓겨날 때, 학생 토드(배우 에단 호크)가 책상 위로 올라가 "오, 캡틴! 마이 캡틴!"을 외치고 다른 아이들이 따라서 책상 위로 올라가 함께 외치는 장면이다. 오, *캡틴! 마이 캡틴!*O Captain! my Captain!의 전문을 읽어보자.

오 선장님! 나의 선장님! 무서운 항해가 끝났습니다.

배는 모든 역경을 헤쳐 나갔고 우리의 목표도 달성했습니다.

항구가 가까워지니 종소리와 환호성이 들립니다.

견고한 용골과 용맹하고 담대한 선체에 시선이 몰립니다.

하지만 오, 가슴이! 가슴이! 가슴이!

선장님이 쓰러져 있는 갑판에

붉은 핏방울이 떨어져 식어버렸네.

오 선장님! 나의 선장님! 일어나 종소리를 들어보세요.

당신을 위해 깃발이 나부끼고 나팔이 울리는데,

일어나셔야죠.

꽃다발과 리본 달린 화환이, 해안 가득 사람들이 기다립니다.

손 흔들며 당신을 부르는 사람들 얼굴엔 열망이 가득한데

선장님! 소중한 아버지!

이 팔로 머리를 받쳐보는데

갑판 위에 쓰러져 차갑게 식어버린 주검은,

꿈이겠지요.

나의 선장님은 답이 없고, 입술은 창백하게 닫혀 있네요.

아버지는 이 팔도 느끼지 못하고, 맥박도 의식도 없네요.

목적을 이루고 무서운 항해로부터 돌아온 승리의 함선은

무사히 정박했고 모든 여정이 끝났는데.

환호하라! 바닷가여! 종을 울려라!

하지만 나는 애도에 찬 발걸음으로 걸어갑니다.

선장님이 쓰러져 차갑게 식어버린 갑판을.

휘트먼은 에이브러햄 링컨 대통령을 추모하기 위해 이 시를 썼다. 노예 해방이라는 명분을 걸고 싸웠던 남북전쟁에서 승리를 거두었으나, 얼마 안 있어 허무하게 암살당한 링컨을 배의 선장으로 비유한 것이다. 해석은 독자의 몫이므로, 〈죽은 시인의 사회〉에서 키팅 선생님께 이 시를 바친 학생들처럼 우리도 우리만의 선장에게 이 시를 헌정할 수 있다.

당신에겐 이 시를 바치고 싶은 선장님이 있는지? 감사하게도, 나는 있다. 아직 선장님이 살아 계시기에 영광스러운 항해를 함께하고 있지만, 언젠가 그의 항해가 끝날 어느 야속한 날 이 시를 읽으며 펑펑 울고 그리워할 것이다.

어린 새 한 마리만 도와줘도

살 만한 인생

Because I could not stop for Death

Emily Dickinson(1830~1886)

Because I could not stop for Death –
He kindly stopped for me –
The Carriage held but just Ourselves –
And Immortality.

We slowly drove – He knew no haste
And I had put away
My labor and my leisure too,
For His Civility –

We passed the School, where Children strove
At Recess – in the Ring –
We passed the Fields of Gazing Grain –
We passed the Setting Sun –

Or rather – He passed Us –
The Dews drew quivering and Chill –
For only Gossamer, my Gown –
My Tippet – only Tulle –

We paused before a House that seemed

A Swelling of the Ground −

The Roof was scarcely visible −

The Cornice − in the Ground −

Since then − 'tis Centuries − and yet

Feels shorter than the Day

I first surmised the Horses' Heads

Were toward Eternity −

내가 죽음을 위해 멈출 수 없었기에

에밀리 디킨슨

내가 죽음을 위해 멈출 수 없었기에

그가 친절히 나를 위해 멈춰주었다.

마차에는 우리 둘만 탔고

영원불멸함도 함께했다.

그는 급할 게 없었고 우리는 천천히 달렸다.

나는 그에 대한 예의를 지키고 싶어

일도 여가도 모두 미뤄두었다.

쉬는 시간에 아이들이 둥글게 모여

실랑이를 벌이는 학교를 지나치고
낟알이 우리를 응시하는 들판도 지나치고
저무는 해도 지나쳤다.

아니면 해가 우리를 지나쳤을지도.
내 옷은 망사뿐이고
어깨에 두른 숄도 얇은 명주여서
이슬방울들이 추위와 떨림을 불렀다.

부풀어 오른 땅같이 생긴 집 앞에
우리는 멈추었다.
지붕은 거의 보이지 않았고
처마는 땅속에 있었다.

그때부터 몇 세기가 흘렀지만
그날 하루보다 짧게 느껴진다.
말들의 머리가 영원을 향하고 있음을
처음으로 깨달았던 그날.

　　　　　　　　　내가 꼽는 19세기 미국의 대표
시인 3인은 에드거 앨런 포, 월트 휘트먼, 에밀리 디킨슨이다.
이 중 포는 소설가로서도 대표 3인에 꼽고 싶다. 에드가 앨런
포와 함께 내가 19세기 미국의 대표 소설가 3인 중 하나로 주
저 없이 꼽는 허먼 멜빌(1819~1891) 이야기를 잠시 해보자.

　나는 바닷가 마을에서 태어나 어린 시절을 보냈다. 학교가
끝나면 친구들과 산과 바다로 우르르 놀러 다니는 게 일상이
었는데, 우리가 자주 가던 바다는 '만루'라고 불렀다. 그 지명
은 울진 사람들만 쓰는 듯하고, 검색할 때는 '망양정 해수욕
장'(더 남쪽에 있는 망양 해수욕장과는 다른 곳)으로 찾아야 한다.
워낙 예쁜 경치에 강(왕피천)과 바다가 만나는 하구라 철새들
까지 아름다움을 더하는 곳이다.

　그림 같은 바닷가에서 우리는 씨름도 하고 모래성도 만들
었다. 손바닥에 쏙 들어올 만큼 작은 방게도 바위틈을 뒤지면
쉽게 잡을 수 있었다. 잠자리나 방아깨비 같은 곤충은 무서워
하면서도 이상하게 방게는 귀여웠다. 친구들과 함께 놀 때도
좋았지만, 무엇보다 혼자 멍하니 모래사장에 앉아 있는 시간
이 제일 좋았다. 누가 더 파란지 경쟁하는 하늘과 바다 사이에

시선을 걸어놓고 시원한 파도 소리에 귀를 맡기며, 상상의 기류를 타고 날아올랐다.

저 바다 건너 다른 나라들이 있겠지? 미국까지는 얼마나 멀까? 햄버거는 어떤 맛일까? 서울만 가도 신기한 것들이 정말 많을 텐데. 엘리베이터를 타면 어떤 기분일까? 지하철은 얼마나 빠를까? 서울 아이들은 나보다 훨씬 똑똑하겠지? 나도 서울에 가서 공부할 수 있을까?

책이나 TV에서 본 것들도 상상의 대상이 되었다. 정확히 언제인지는 기억이 안 나는데 어린이 동화로 편집된 《흰고래 모비딕》이라는 책을 본 후에는 울진 바다에 고래가 있다고 상상하곤 했다. 아, 울진 바다에 실제로 고래가 있다는 사실은 어른이 되어 알았다. 어쨌든 내가 본 동화책에는 에이해브 선장이 용감한 뱃사람으로 단순화되어 있고 모비딕도 꽤 귀엽게 그려져 있고 마지막 장면도 적당한 해피엔딩으로 바뀌어 있었다. 너무 재미있어서 읽고 또 읽고 다 외울 지경이었다. 그 무렵 나는 상상 속에서 포경선도 타고 흰고래도 타고 다녔다.

나의 상상은 점점 특정한 캐릭터와 플롯이 있는 이야기로 만들어져 '돌고래 해피의 모험'이라는 제목의 동화로 탄생했다. 일기장에 연재하듯 적었던 기억이 난다. 고향을 떠나고 싶은 마음과 동화 버전의 《흰고래 모비딕》 이야기가 함께 섞인 결과물이었던 것 같다. 말하자면, 내 최초 창작에 영감을 준

소설이 《모비딕》이었던 셈. 어린 시절 추억의 한 조각이다.

'돌고래 해피의 모험' 이후 틈나는 대로 이어간 습작은 서울로 올라와서 중고등학교를 다니면서도 계속 이어졌다. 소설가가 되고 싶다는 꿈은 영문과에 입학하면서 조금 더 가까워졌는데, 전공과목이 아닌 신입생을 대상으로 한 교양강의에서 꿈이 아닌 열망으로 바뀌었다.

당시 평론가이자 서울대 국문과 교수로서 문단의 최고 권위자였던 김윤식 선생님의 문학 개론 수업이었다. 워낙 인기 강의였기에 4동 대형 강의실이 꽉 찼다. 수강 신청에 실패하고 통로에 서서 듣는 학생들도 있었다. 선생님은 특유의 심드렁한 표정으로 의도를 알 수 없는 말씀을 던졌다. "돈도 안 되는 문학을 배우는 수업에 매년 이렇게 많은 학생이 오는 걸 보면 참 신기합니다. 뭐 시나 소설을 읽는 것은 재미있긴 합니다만, 직접 글을 써보고 싶은 학생들도 있을까요? 잘 생각하세요. 시를 써서 무엇합니까? 소설은 써서 무엇합니까? 힘듭니다. 아무도 안 알아줘요. 이 쓸데없는 문학을, 그래도, 가난과 무관심을 견디면서도 꼭 써야겠다면 어떻게 말리겠습니까? 원래 무모한 도전이 말리기 어려우니까요."

하지 말라고 말리는 말씀에 내 가슴은 더 끓었다. 본격적으로 습작에 열을 올렸고, 군복무를 하던 중 문예지 소설 공모에 도전했다가 덜컥 당선되었다. 등단하고 소설책을 출간한 일만 해도 도파민 과다로 일상생활이 힘들 지경이었는데, 김윤식 선생님이 〈레몬〉이라는 제목의 내 단편소설을 평론해주셨다. 작가인 나도 몰랐던 작품의 의미를 발견하고 잘 닦아 보여주는 선생님의 글을 읽으며 평생 소설 쓰기를 멈추지 않겠다고 결심했다.

그리고 복학하고 대학교 4학년 때, 드디어 허먼 멜빌을 배우게 되었다. '돌고래 해피의 모험'을 떠올리며 기대에 차 있는데 교수님이 짧게 말씀하셨다. "다음 시간부터 허먼 멜빌을 읽어봅니다. 멜빌 중에서는 《Bartleby, the Scrivener》(필경사 바틀비)를 배울 테니 예습해 오길."

엥? 바틀비? 모비딕이 아니고? 강의가 끝나고 복도에서 교수님을 기다렸다 여쭤보았다. "멜빌은 《모비딕》이 제일 유명하지 않습니까? 다른 작품을 배우는 이유가 있을까요?" "이 군은 《모비딕》 원서를 본 적 있나?" "아니요." "흠, 한번 찾아보게. 왜 안 배우는지 알 수 있을 테니."

중앙도서관에 가서 책을 본 순간 바로 교수님의 말씀을 이해했다. 소설책 한 권이 미문학 개관 교재보다 더 두꺼웠다. 중간중간 무슨 내용이 있나 봤더니 도통 알 수 없는 해양생물 보고서 같은 내용이 끝없이 나오기도 했다.

너무 읽고 싶었지만, 도저히 엄두가 나지 않아 번역본(역시 분량이 엄청났다)을 대출해 읽었다. 소설을 읽으면서 어린 시절 추억의 한 조각은 파괴되었다. 내가 읽은 '동화책'《모비딕》은 예쁘게 만들어놓은 인공 연못이었고, '진짜'《모비딕》은 광기와 비극이 소용돌이치는 바다였다.

허먼 멜빌은 무역업을 하던 집안에서 1819년에 태어나 꽤 여유로운 성장기를 보냈으나 아버지가 사업에 실패하고 세상을 떠난 후, 생계를 위해 스무 살에 선원이 되었다. 상선도 타고 포경선도 탔는데 태평양 원주민 부족 마을에서 한 달을 지내고, 감옥도 갔다가 탈옥도 했다가 부랑자 생활도 했다. 그가 다시 육지로 돌아온 건 5년이 지난 1844년이었고, 그 후 소설 창작에 몰두했다.

그는 창작욕을 폭발시키듯 매년 소설을 발표했다. 성공한 작품도 있었고 외면받은 작품도 있었다. 기록을 보면 그는 당시 인기 소설의 경향과 자신이 정말 쓰고 싶은 작품 사이에서 상당히 갈등한 것으로 보인다. 그러던 차에 작가 모임에서 호손을 만난다. 인간으로서 작가로서 둘은 서로에게 흠뻑 빠졌고, 멜빌은 가족을 데리고 호손의 집 근처로 이사할 정도로 친해졌다. 그리고 새집에서《모비딕》을 집필하고 아예 호손에게 헌정했다. 호손 역시《모비딕》을 읽고 열광적인 반응을 보였다.

그러나 세상은 아직 이 걸작을 받아들일 준비가 되지 않았다.《모비딕》은 완전히 외면당했고 멜빌은 호손에게 보낸 편지에서 '문단에서 사라질 것 같다는 절망감을 호소'했다. 그의 우려대로 비참한 일들이 잇따라 벌어졌다. 작가로서 버는 돈으로 생계가 어려워지자 다시 다른 직장을 찾아 근무를 시작했는데, 집에는 불이 나고 큰아들은 열여덟 살에 자살하고 둘째 아들은 객사하는 비극을 맞이했다. 더 이상 견디지 못한 멜빌은 창작마저 그만두고 사람들의 기억에서 완전히 잊힌 채 세상을 떠났다.

'내 이름은 이스마엘Call me Ishumael'이라는 유명한 첫 문장으로 시작하는 《모비딕》은 여러 면에서 19세기, 어쩌면 역대 최고의 미국 소설로 인정받는다. 셰익스피어의 〈리어 왕〉, 에밀리 브론테의 《워더링 하이츠》와 함께 영문학의 3대 비극으로 꼽히기도 한다. 겨우 학부에서 문학을 배운 내가 이런저런 평가를 하는 것보다는 권위를 빌리는 편이 낫겠다.

미국의 유명 평론가 해럴드 블룸은 "셰익스피어와 세르반테스 이후 성취하기 어려웠던 '진정한 독창성'이 미국 문학에서 일부 성취되었다고 한다면 그 시작은 멜빌이다"라고 했고, 작가 윌리엄 포크너는 "《모비딕》은 손에서 내려놓자마자 '내가 썼더라면 좋았을걸' 하고 생각한 책이다"라고 했을 정도다.

대학을 졸업한 후 25년 만에 《모비딕》을 다시 읽었다. 출판사 작가정신에서 2010년에 출간한 책을 샀는데, 내 서재에서 가장 두껍고 큰 책으로 등극했다. 820페이지에 1.5킬로그램이 넘는 슈퍼헤비급. 책 자체로도 향유고래 같다. 책을 상당히 빨리 읽는 편인데도 며칠이 걸렸다. 여전히 원서로 읽을 엄두는 나지 않는다. 중간중간에 고래와 포경에 관한 지식이 세세하게 기술되어 더욱 그렇다.

영화나 노래처럼 문학도 젊었을 때와 나이 들었을 때의 감상이 달라질 수밖에 없다. 대학생의 머리로 이해할 수 없었던 소설 속 인물들을 이제 가슴으로 이해할 수 있었다. 에이해브 선장의 광기는 이제야 공감되고(동의한다는 뜻은 아니다), 나와 같은 시대를 살았거나 살고 있는 실제 인물들까지 겹쳐 보였다. 특히 히말라야 14좌 완등에 성공하고 남극점 북극점까지 도달하고도 도전을 멈추지 않고 영원히 안나푸르나로 떠나버린 박영석 대장이 자꾸 떠올랐다. 목숨을 포함한 인생의 모든 것이 위태로워지더라도, 끝까지 무언가를 쫓을 수밖에 없는 영혼을 가진 이들이 있다는 걸 이제는 안다. 세속적인 실리를 따져 그들의 도전이 무모하거나 무책임하다고 말해선 안 된다는 것도 안다.

앞에서 권위를 빌어 《모비딕》을 칭송했으니, 딱 하나만 개인적인 감탄을 얹도록 한다. 이 책을 다시 읽고 다양한 인물들이 제각각의 기준으로 오롯이 존재한다는 점에 놀랐다. 자칫하면 영웅으로 받들거나 광인으로 치부하기 쉬운 에이해브 선장이 좋은 예다. 화자가 그에 관해 이야기할 때는 세상의 평범한 기준이나 다른 이들을 보는 시선을 거둔다. 마오리족인 퀴퀘그(콰이퀘그)에 대해서도 마찬가지. 비중이 적은 캐릭터들을 묘사하는 데도 절묘한 균형감각을 보여준다. 이는 멜빌이 실제로 5년이나 배를 타면서 세계 각국을 다니고 온갖 인종의 동료들과 함께 지냈던 경험 덕분인 듯하다.

사실 《모비딕》을 읽고 나서 가장 큰 경외심이 든 지점은 멜빌이 겨우 서른한 살의 나이에 이런 대서사시를 썼다는 사실이다. 20세기를 거치면서 미국 문학, 특히 소설 분야는 영국이나 다른 유럽 국가를 능가하게 되었고 쟁쟁한 소설가들이 여럿 등장했지만, 감히 셰익스피어나 단테와 비교되는 미국 작가는 멜빌이 유일하다. 나이 오십에 《모비딕》을 다시 읽어보니 그런 찬사가 과장되지 않았음을 잘 알겠다.

아, 실제로 학교에서 배운 《필경사 바틀비》는 어땠냐고? 꽤 재미있게 읽었다. 망망대해에서 펼쳐지는 모험인 《모비딕》과 반대로 뉴욕 월 스트리트에서 일하는 사무직 직원의 내면적 기행이 소설의 내용이다. '월 스트리트 이야기A Story of Wall Street'라는 부제도 붙어 있다. 매우 높은 평가를 받는 작품이라 우리나라에서도 민음사나 창비에서 펴낸 미국 단편소설 모음집에 꼭 들어가 있다. 《모비딕》 완역판이 부담스럽다면, 축약판보다는 《필경사 바틀비》로 멜빌을 시작하는 편이 더 낫겠다.

참고로 허먼 멜빌이라는 이름을 전혀 모르는 사람도 그의 유산을 매일 마주치는 경우가 많은데, 카페 스타벅스가 《모비 딕》의 항해사 '스타벅'에서 이름을 땄기 때문이다. 스타벅스 로고도 뱃사람들을 유혹해 난파시키는 마녀 '세이렌'이다. 브랜딩에 관한 자세한 이야기는 모르겠는데, 스타벅스 대신 '에이햅스'로 했으면 아마 망했겠지? 커피가 엄청나게 쓸 것 같다.

내가 꼽는 19세기 미국의 대표 소설가 세 명 이야기로 이 챕터를 시작했다. 에드거 앨런 포, 허먼 멜빌 그리고 나머지 한 명은 마크 트웨인Mark Twain(1835~1910)이다. 마크 트웨인은 필명이고, 본명은 나도 이번에 처음 알았는데 '새뮤얼 랭혼 클레먼스Samuel Langhorne Clemens'라고 한다.

처절할 정도로 불운한 삶을 살았던 포나 생전에 별로 인정받지 못했던 멜빌과 달리 마크 트웨인은 살면서 부와 명예를 누리고 장례식에도 수천 명의 팬이 모였던 인기 작가였다.《왕자와 거지》《톰 소여의 모험》《허클베리 핀의 모험》등등 전 세계적인 고전들을 여럿 남긴 덕에 가장 유명하고 친근한 미국 소설가로 자리 잡았다. 특히 우리 세대가 어릴 때는 톰 소여와 허클베리 핀이 등장하는 만화영화를 TV에서 많이 틀어 줬기 때문에, 책을 안 봤어도 마크 트웨인을 모를 수가 없다.

어린이들이 주인공인 작품이 많다 보니 아동문학가로 아는 경우도 많은데, 마크 트웨인의 작품에는 인종차별 문제나 자유와 윤리 등등의 묵직한 주제가 담겨 있다. 어린이들의 눈을 통해 당시 미국 사회의 위선과 결함을 보여준 것이다. 그는 실제로도 열렬한 노예제도 폐지론자였으며, 제국주의와 기독교에 대해서도 날 선 풍자와 비판을 서슴지 않는 지식인이었다. 그가 기독교에 관해 쓴 글을 보자.

"우리의 기독교에 주목할 만한 것이 한 가지 있다. 못되고, 피를 부르며, 자비 없고, 돈에 환장했고, 약탈적이다. 미국에서는 특히 그렇고 다른 나라에서도 어느 정도 차이는 있지만 대체로 그러하다. 그래도 지옥이라는 개념을 발명한 (그건 정말 끔찍한 죄다) 성경 속 기독교보다는 몇백 배 낫다. 못되고 위선적이고 공허하고 허울뿐인 오늘날 기독교의 기준으로 보자면, 조물주나 그의 아들 예수도 교인이 될 수 없고 엔간한 자리에도 자격 미달인 셈. 우리의 종교는 끔찍하다. 기독교 때문에 사람들이 흘린 무고한 피를 모으면 전 세계의 함대도 넉넉히 떠다닐 정도로 넓은 바다가 될 것이다."

아무리 인기 작가였다 해도, 그 시대에 이토록 신랄한 종교 비판이 어떻게 가능했는지 이해가 안 갈 텐데 한 가지 장치가 숨어 있다. 마크 트웨인은 1910년에 사망할 당시 무려

5,000페이지 분량의 편집되지 않은 회고록을 남겼는데, 사후 100년간 이를 출간하지 말아 달라는 유언을 덧붙였다. 그래서 2010년이 되어서야 이 글이 공개된 것이다. 어쩐지…. 자서전을 출간한 방식조차 그답다.

이제 19세기 미국 문학사에 새겨진 마지막 이름을 불러볼 때다. 포와 휘트먼 못지않은 시 세계를 구축한 에밀리 디킨슨이다. 그녀는 집안에 은둔하면서 시를 썼다. 가족을 제외하면 외부 활동도 거의 없이 서신만 주고받았고, 아마도 유일한 친구이자 동성 연인으로 짐작되는 사람도 시누이였다.

작가로서도 활동이 거의 없었다. 살아 있는 동안 익명으로 발표한 몇 편의 시가 전부. 남성우월주의가 팽배했던 당시 사회와 출판계에 환멸을 느껴서 적극적으로 시를 발표하지 않았다는 연구도 있다. 어쨌든 두문불출하면서 써놓은 시들도 죽고 나면 다 태워버리라고 유언을 남겼지만, 유족이 그녀의 유언을 따르지 않음으로써 우리는 위대한 시인 한 명을 더 얻게 되었다. 그렇게 발견된 그녀의 시는 마치 혼자서 출판하고 쌓아둔 것처럼 44개의 꾸러미가 있었다고 한다. 제목을 적어놓지 않아 번호를 매겨 총 1번부터 1,775번까지 있다. 철저하게 스스로 고립시켰던 시인의 영혼 조각 1,775개라고 할까.

이 챕터를 시작하면서 본 시는 712번이다. 이토록 섬뜩하면

서 동시에 우아하게 죽음을 노래한 시가 또 있을까. 죽음을 소
재로 한 시를 한 편 더 원문과 함께 읽어보자. 시 번호 465번
이다.

I heard a Fly buzz – when I died –
The Stillness in the Room
Was like the Stillness in the Air –
Between the Heaves of Storm –

The Eyes around – had wrung them dry –
And Breaths were gathering firm
For that last Onset – when the King
Be witnessed – in the Room –

I willed my Keepsakes – Signed away
What portions of me be
Assignable – and then it was
There interposed a Fly –

With Blue – uncertain – stumbling Buzz –
Between the light – and me –

And then the Windows failed – and then

I could not see to see –

내가 죽는 순간에 파리 소리를 들었다.

방 안의 고요함은

폭풍의 기침 사이 대기에 생기는

그런 고요함과 같았지.

왕을 알현할 수 있는

마지막 순간이 될 발병에

나를 둘러싼 사람들 눈은 말라 있었고

다들 숨을 꼭 참고 있었지.

나는 유언장에 서명하고

물려줄 수 있는 유품은 남겼어.

파리가 끼어든 건 그때였지.

빛과 나 사이

푸르고 애매하고 비틀거리는 소리 들리나 싶더니

창문이 사라지고

보려 해도 볼 수 없었네.

이렇게 두 편만 읽어봐도 디킨슨의 시가 얼마나 현대적인지 알 수 있다. 미국이라는 국가의 기상을 일깨우는 휘트먼의 나팔 소리도 디킨슨의 독창성과 비교하면 옛날 녹음기 소리처럼 느껴진다. 아무리 봐도 특별한 의미 없이 사용한 것 같은 대문자와 대시(−)가 생뚱맞다는 점만 빼면, 그녀의 시는 21세기의 감각에도 거슬리지 않는다.

게다가 실존적인 깨달음도 준다. 왕의 죽음이라는 엄숙한 순간에 파리 한 마리를 쏙 집어넣어, 인간에게 가장 두렵고 절대적인 사건인 죽음조차 자연에서는 파리가 윙윙거리는 소리처럼 아무것도 아니라는 사실을 일깨워준다. 먼저 봤던 시에서는 육체가 죽은 뒤에 영혼은 어떻게 될지 생각하게 만든다. 다른 시인들이 아직도 하느님 타령을 하던 시대에 시의 결말이 무신론적이라는 점에서 새롭기도 하고 무섭기도 하다.

평생 미혼으로 은둔하면서 시만 썼던 삶은 크리스티나 로세티와 비슷하지만, 에밀리 디킨슨의 시는 신고전주의나 낭만주의보다는 17세기 형이상학파 시를 떠올리게 한다. 이 책에서 소개했던 존 던의 **벼룩**을 다시 읽어보자. 소재로 벌레가 쓰였다는 공통점 외에도 과감하고 공감각적인 비유가 서로 닮았다. 에밀리 디킨슨을 연구한 학자들의 의견을 확인해보니 나만의 느낌은 아닌 듯하다.

디킨슨의 어두운 시만 두 편 소개했는데, 이번에는 아름답고 사랑스러운 시를 읽어보자. 314번이다. 그녀가 좋아했던 셰익스피어의 소네트처럼 첫 행 *희망은 깃털 달린 것*Hope is the thing with feathers을 제목으로 부르기도 한다.

희망은 깃털 달린 것
영혼 속에 앉아
노랫말 없는 노래를 부르고
결코, 절대로 멈추지 않는다.

바람이 불어도 가장 달콤한 노래가 들리네.
숱한 사람을 덮혀준 꼬마 새는
사나운 폭풍쯤 되어야
당황할까 말까.

가장 추운 땅에서도 가장 낯선 바다에서도
그 녀석의 노래를 들었는데
극한의 상황에서도
부스러기 하나 달라고 않더라.

영문학에 관심이 있다면 장영희라는 이름을 아는 분이 많을 것이다. 서강대학교 영문학과 교수로 재직하면서 오랜 세월 칼럼을 연재하고 사랑받은 분이다. 어릴 때부터 장애가 있어 목발에 의지해 다녔고 나중에는 두 번이나 암 투병을 하면서도 늘 유머를 잃지 않고 제자들에게 독자들에게 사랑과 희망을 이야기한 분이셨다. 그분이 특별히 좋아하고 널리 알리려고 했던 시인이 에밀리 디킨슨이었다. 그중에서도 다음 시를 종종 인용하셨다고 한다. 나의 미천한 번역만 보지 말고 선생님의 번역도 꼭 찾아보기를. 원문과 함께 보자.

If I can stop one heart from breaking,

I shall not live in vain;

If I can ease one life the aching,

Or cool one pain,

Or help one fainting robin

Unto his nest again,

I shall not live in vain.

누군가의 마음 다치지 않게 해준다면

내 인생 헛되지 않을 텐데.

누군가의 아픔 달래줄 수 있다면

누군가의 고통을 덜어주거나

지쳐 쓰러진 울새 한 마리
둥지로 돌려보낼 수 있다면
살 만한 인생

셸리는 *오지만디아스*에서 말했다. 파라오의 권세도 결국 세월 지나 사막의 돌무더기로 쓸쓸하게 스러진다고. 셰익스피어도 〈맥베스〉를 통해 보여주었다. 권력과 야망의 무상함을. 에밀리 디킨슨이 노래한다. 어린 새 한 마리만 도와줘도 살 만한 인생이라고. 맞다. 삶의 이유가 따로 있나? 태어났으니까 사는 거다. 사는 동안 누군가의 마음을 지켜주고 아픔을 달래줄 수 있다면 가치 있는 삶이다. 산책이나 가볼까.

불안, 혼돈 그리고

천천히 떨어지는 평온함

The Love Song of J. Alfred Prufrock

Thomas Stearns Eliot(1888~1965)

Let us go then, you and I,

When the evening is spread out against the sky

Like a patient etherized upon a table;

앨프리드 프루프록의 사랑 노래 중 일부

T.S. 엘리엇

그럼 가요, 당신과 나
에테르에 마취되어 수술대에 누워 있는 환자처럼
저녁이 하늘을 마주하고 다리를 벌릴 때

대학교 신입생이었을 때 모더니즘의 개념 때문에 무척 혼란스러웠던 기억이 있다. 당시 예술 전반에 만연했던 포스트모더니즘이 모더니즘에 대한 반동이라고 하니, 모더니즘은 뭔지 알아보게 된 것이다. 맙소사. 이 간단한 단어는 사랑만큼이나 모호하고 다양한 뜻을 갖고 있었다. 게다가 철학, 음악, 미술, 문학, 영화 등등 분야에 따라 의미(심지어 해당 시대까지도)가 달라졌다. 차라리 포스트모더니즘을 이해하기가 더 쉬웠다. 어느 선배의 충고 덕분이었다. "선배님, 도대체 포스트모더니즘이란 뭘까요?" "최근에 나왔는데 뭔가 좀 이상하다 싶으면 포스트모더니즘이야."

적어도 문학에서 모더니즘은 다른 분야에서 포스트모더니즘만큼 급진적이라고 당시 나는 판단했다. 일반적으로 모더니즘은 인간이 이성적이고 합리적이라는 근대성에 기반하고 있으며 포스트모더니즘은 그것을 의심하고 부정하는 반면, 문학의 모더니즘은 이미 충분히 이성적이고 합리적인 근대 문학에 대한 반동이기 때문이다. 지금도 나는 문학에서 리얼리즘으로 대표되는 19세기 문학을 모더니즘으로 부르고, 그 이후의 사조는 포스트모더니즘으로 통칭하는 것이 더 적절한 구분이라고 생각한다.

1, 2학년 때까지는 이런 식의 문학 담론에 꽤 관심이 많았다. 위와 같은 주장에 반박하는 선배와 밤늦게까지 논쟁(인 척하는 술자리)을 벌인 적도 있었다. 선배는 해체주의로 대표되는 포스트모더니즘 문학이 엄연히 존재하므로 지금의 분류법이 옳다는 논리였다. 나는 모더니즘과 이전 시대와의 엄청난 차이를 생각해보면, 모더니즘과 포스트모더니즘은 크게 봐서 같은 사조로 묶는 편이 더 타당하다는 주장을 굽히지 않았던 기억이 난다.

학년이 올라가면서 이런 주제에 대한 흥미가 급속도로 식었다. 내 관심은 돈과 재미라는 두 가지 기준에 비례했고, 그렇지 않은 분야에 대해서는 열정이 생기지 않았다. 그렇다면 왜 평생 소설을 썼냐고 반문할 수도 있겠는데, 돈도 되고 재미도 있어서 썼다. 원래도 그런 성향이었는데 군복무(카투사)를 하면서 쓴 소설이 상도 받고 영화 판권도 팔리자 더 극단적으로 변했다. 복학 후 영화 일을 하면서 학교에 다니다 보니, 모더니즘이니 포스트모더니즘이니 하는 문학 담론에 관한 관심은 어린 시절 구슬치기의 추억처럼 아련해졌다. 그 무렵 T.S. 엘리엇을 만났다.

존 밀턴의 *실낙원*을 그 유명세에 비해 제대로 읽은 사람이 별로 없는데, 엘리엇의 **황무지** *The Waste Land*도 자웅을 겨룰 만하다. '4월은 잔인한 달'이라는 한 구절만 마르고 닳도록 인용될 뿐, 이 시를 제대로 읽어본 사람이 몇이나 될까? 대학에서 배우기 전까지 나도 마찬가지였다. 4월에 실연한 화자가 사랑 때문에 황폐해진 자기 인생을 돌아보는 이야기겠거니 했다. 당연히 내 짐작은 틀렸다.

엘리엇은 1888년 미국 미주리에서 태어났다. 하버드대학에서 학부를 졸업하고 대학원에 다니면서 대표작 중 하나인 **앨프리드 프루프록의 *사랑* 노래**를 쓰기 시작했다. 하버드를 졸업하고 영국 옥스퍼드대학에서 유학하면서 이 시를 완성했다. '최초의 현대시'로 칭송받는 이 작품은 학교에서 처음으로 배운 엘리엇의 시이기도 했다.

읽으면 읽을수록 당황스러웠던 기억이 생생하다. 제목이 사랑 노래인데 사랑은 언제 나오지? 주인공은 왜 이렇게 불안하고 정신없는 거야? 게다가 횡설수설 무슨 소린지 모르겠네.

그럴 수밖에 없다. 단절, 파편화, 정신적 공허함, 불안, 혼돈 등등 제1차 세계대전 이후 현대인의 위태로운 상태를 보여주려고 쓴 시니까.

앞에서 소개한 부분을 다시 읽어보자. 붉게 물든 노을의 아름다움이나 옛사랑을 떠올리는 감상 따위는 없다. 엘리엇은 저녁을 마취약에 취해 누워 있는 환자에 비유했다. 'When the evening is spread out against the sky'를 '저녁이 하늘을 마주하고 다리를 벌릴 때'라고 대담하게 번역한 이유도 그래서다. 어떻게 이런 표현을 생각했을까? 감탄이 나온다. 단 세 줄을 통해 풍경의 묘사와 화자의 심리 상태는 물론이고, 작품의 전체적인 분위기와 당시 사회의 병폐까지 담아낸다. 셰익스피어에 견줄 만큼 천재적인 비유라고 생각한다.

천재라는 평가가 과하지 않은 이유는 100년도 훨씬 더 전에 이 시에서 21세기 대한민국의 모습을 예언했기 때문이기도 하다. 앞서 소개하지 않았지만 단조롭고 반복적인 일상에 갇힌 현대인의 모습을 담아낸 표현이 있다. 'I have measured out my life with coffee spoons.' 커피스푼으로 인생을 가늠하다니. 매일 아침 텀블러에 커피를 담고 물을 부어 농도를 맞추는 일로 하루를 시작하는 내 모습과 별로 다르지 않다. 또 다른 표현 'Do I dare?' 내가 감히 뭔가를 해도 될지를 반복해서 묻는 화자의 말투는 불안과 결정장애를 보여준다. 언젠가부터 '조금'이나 '같아요'라는 표현을 습관적으로 쓰는 요즘 우리나라 사람들 모습과 딱 겹친다.

신입 PD 면접을 보다가 실제 겪은 일이다. 대학에 다니면서 겪은 가장 충격적인 사건에 대해 말해달라는 질문에 한 지원자가 이런 식으로 말을 맺었다. "그 일이 저에게는 조금 충격적이었던 것 같아요."

249

뭐지? 분명히 가장 충격적인 사건을 물어봤는데 왜 겨우 '조금' 충격적인 사건을 얘기하지? 그마저도 확실하진 않고 '그런 것 같다'고?

그 지원자만이 아니다. 너무나도 확실한 일에도 '조금 그런 것 같다'는 표현으로 판단을 유보하는 말투는 현대인의 특징이 되어버렸다. 업무를 할 때도 '이건 좀 아닌 것 같아' '저는 이게 조금 더 나은 것 같아요'라고 한 발을 빼고, 영화나 드라마의 사랑 고백 장면에서도 '널 좀 사랑하는 것 같아'라는 대사가 심심찮게 등장한다. 심지어 자기 기분조차 잘 모른다. 뉴스에서 나들이 나온 시민을 인터뷰하는데, '이렇게 가족과 함께 둘레길을 걸으니 기분이 좀 좋은 것 같아요'라고 말한다. 아니, 기분이 좋다는 거야 나쁘다는 거야? 나쁘진 않지만 아주 좋진 않다는 건가?

그저 말투일 뿐이라고 넘길 순 없다. 말과 정신은 서로를 비추는 거울 같은 관계이며 상호작용을 하는 톱니바퀴이기도 하니까. 그래서 나는 필사적으로 '조금'과 '같다'를 쓰지 않으려고 노력하지만, 하도 많이 듣다 보니 빌어먹을, 조금 힘들 것 같다.

1922년 엘리엇은 그의 또 다른 대표작 **황무지**를 발표한다. **앨프리드 프루프록의 사랑 노래**를 헤비메탈의 원형을 보여준

레드 제플린 1집에 비유한다면, 이 시는 그들의 최고 걸작 4집 앨범에 비유할 수 있다. 배경지식 없이 첫 번째 연을 원문부터 통째로 읽어보자. 이해를 돕기 위해, 번역하면서 뒷부분에 임의로 따옴표를 넣었음을 밝힌다.

April is the cruellest month, breeding

Lilacs out of the dead land, mixing

Memory and desire, stirring

Dull roots with spring rain.

Winter kept us warm, covering

Earth in forgetful snow, feeding

A little life with dried tubers.

Summer surprised us, coming over the Starnbergersee

With a shower of rain; we stopped in the colonnade,

And went on in sunlight, into the Hofgarten,

And drank coffee, and talked for an hour.

Bin gar keine Russin, stamm' aus Litauen, echt deutsch.

And when we were children, staying at the archduke's,

My cousin's, he took me out on a sled,

And I was frightened. He said, Marie,

Marie, hold on tight. And down we went.

In the mountains, there you feel free.

I read, much of the night, and go south in the winter.

4월은 가장 잔인한 달

죽은 땅에서 라일락을 피워내고

기억과 욕망을 뒤섞으며

무딘 뿌리를 봄비로 뒤흔든다.

겨울은 우리를 따뜻하게 지켜줬는데.

망각의 눈으로 땅을 덮고

말라붙은 뿌리로 작은 생명을 먹여 살렸어.

우리를 놀라게 한 여름은

슈타른베르크 호수 너머에서 소나기와 함께 찾아왔지.

우리는 가로수길에 멈춰 섰다가

햇살 속으로 나아가 호프가르텐에 도착해

커피를 마시고 한 시간쯤 대화를 나누었어.

"나는 러시아 여자가 아니고 리투아니아 출신이야, 진짜

독일인이라고.

어릴 적 대공의 별장에서 지낼 때

내 사촌은 썰매를 끌고 나가곤 했어.

내가 무서워하니까 그가 말했어. 마리야, 꽉 잡아.

그리고 우리는 내려갔어.

산에서는 자유로운 기분이 들잖아.

난 밤에는 주로 책을 읽고 겨울에는 남쪽으로 가."

'4월은 가장 잔인한 달'이라는 유명한 구절은 434행에 달하는 이 시의 첫 구절이다. 이쯤에서 영문학 전공자라면 제프리 초서Geoffrey Chaucer의 《캔터베리 이야기The Canterbury Tales》를 떠올릴 수 있다. 현재까지 존재하는 인쇄물 중 가장 오래된 영문학 작품인 《캔터베리 이야기》의 서문을 읽어보자. 중세 영어에 당황할 필요는 없다. 철자 그대로 읽으면 되니까 오히려 발음은 현대 영어보다 더 쉽다. 완 닷 아프릴 위드 히스 쇼유레스 소오테…, 요렇게.

Whan that Aprill with his shoures soote,

The droghte of March hath perced to the roote,

And bathed every veyne in swich licóur

Of which vertú engendred is the flour;

Whan Zephirus eek with his swete breeth

Inspired hath in every holt and heeth

The tendre croppes, and the yonge sonne

Hath in the Ram his halfe cours y-ronne,

And smale foweles maken melodye,

That slepen al the nyght with open ye,

So priketh hem Natúre in hir corages,

Thanne longen folk to goon on pilgrimages,

And palmeres for to seken straunge strondes,

To ferne halwes, kowthe in sondry londes;

And specially, from every shires ende

Of Engelond, to Caunterbury they wende,

The hooly blisful martir for to seke,

That hem hath holpen whan that they were seeke.

4월이 되어 감미로운 소나기가

3월 가뭄을 뿌리까지 꿰뚫고

생명을 피워내는 힘으로

온 세상 나뭇가지를 적셔 꽃을 피울 때면,

서풍 또한 감미로운 숨결로

잣나무 숲 어린 가지마다 생기를 불어넣어준다.

아직 어린 태양은 백양궁 자리를 절반쯤 달리고

자연 속에서 신나고 흥분한 어린 새들은

뜬눈으로 밤을 지새우고 애욕의 노래를 지저귄다.

이때 사람들은 순례를 떠나려 한다.

순례자는 낯선 나라로 눈을 돌려

여기저기 유명한 성소를 찾는다.
특히 잉글랜드 방방곡곡의 순례자들은
그들이 병들고 지쳤을 때 도와준
성스럽고 축복 가득한 순교자를 찾아
캔터베리로 떠난다.

초서는 4월을 회복의 힘을 지닌 달로 묘사했고, 이런 이미지는 수백 년 동안 반복되고 강화되어 봄은 만물이 소생하는 계절로 여겨졌다. 하지만 엘리엇은 이런 전통을 거부했다. 제1차 세계대전 후 제2차 세계대전을 앞둔 세계는, 제국주의 국가들이 빚어내는 혼돈과 광기로 가득했고 개인의 내면은 황폐해졌다. 이런 세상에서 엘리엇은 도저히 아름다운 봄을 노래할 수 없었다. 그는 정반대로 4월이 가장 잔인한 달이라고 선언했다. 초서는 영문학의 아버지로 불리고 《캔터베리 이야기》는 영문학의 시작으로 추앙받는데, 엘리엇은 하필 이 작품을 선택해 전복시킨 것이다. 바로 이 지점에서 그는 모더니즘의 기수로 우뚝 선다.

엘리엇의 **황무지** 내용을 좀 더 보자. 첫 번째 연에 등장하는 '마리'라는 여자는 누굴까? 그녀는 마리 라리슈 백작 부인을 가리킨다. '마이어링 사건'(1889)에서 중요한 역할을 한 인물이다. 그렇다면 '마이어링 사건'은 뭘까? 오스트리아 황태자 루돌프가 연인 마리 베체라와 함께 비엔나 근교의 마이어링에서 시체로 발견된 사건이다. 공식적으로는 자살로 발표되었으나 정치적 배후나 타살설도 계속 제기되었다. 마리 라리슈 백작 부인은 루돌프 황태자(시에서 함께 썰매를 타고 놀았던)의 사촌으로 마리 베체라를 이어준 장본인이다. 이 비밀 연애를 하던 중 루돌프 황태자가 죽자 프란츠 페르디난트 대공이 후계자로 지명되고, 그마저 암살당하면서 제1차 세계대전이 벌어졌으니, 마리는 본의 아니게 전쟁의 도화선이 된 셈이다.

434행짜리 시의 첫 연에만 이 정도의 배경지식이 필요하다. 이 뒤로는 좀 쉬워지냐고? 점점 더 어려워진다. 이 시는 5개의 장으로 이뤄져 있는데 각 장의 소제목은 다음과 같다. 죽은 자의 매장The Burial of the Dead, 체스 게임A Game of Chess, 불의 설교 The Fire Sermon, 익사Death by Water, 천둥이 한 말What the Thunder Said. 고전과 현대를 넘나드는 수많은 인용과 상징이 이어지면서, 책 좀 읽었다는 사람들에게 겸손이 무엇인지를 제대로 가르쳐준다. 고대 신화, 성서, 문학, 불교 힌두 철학까지 등장하고, 나처럼 무식한 사람을 위해 작가가 직접 달아놓은 주석도 있다. 물론 주석을 봐도 어렵다.

대학에서 배운 내용은 당연히 기억날 리가 없고, 책을 준비하면서 다시 읽어보았다. 초반에는 결연한 각오로 이것저것 공부하면서 따라가다가 중간부터 포기하고 그냥 쭉 읽어봤는데, 마지막 연에 이르자 박찬욱 감독의 영화 〈헤어질 결심〉의 대사가 떠올랐다. "엘리엇, 저는 붕괴되었어요." 지적 붕괴를 함께 경험해보자.

Poi s'ascose nel foco che gli affina

Quando fiam uti chelidon – O swallow swallow

Le Prince d'Aquitaine à la tour abolie

These fragments I have shored against my ruins

Why then Ile fit you. Hieronymo's mad againe.

Datta. Dayadhvam. Damyata.

Shantih   shantih   shantih

이쯤 되면 해석이 아니라 해독의 영역일 테다. 검색엔진과 챗지피티의 힘을 빌려 해독하면 이렇다. 집중!

'Poi s'ascose nel foco che gli affina'는 이탈리아어인데 단테의 *신곡* '연옥편'에서 인용한 구절로 죄와 고통 속에서 정신적 구원을 향한 여정을 나타낸다고 한다. 'Quando fiam uti chelidon – O swallow swallow'는 라틴어와 영어를 섞어 쓴 행인데 고대 그리스의 전설인 필로멜라 이야기를 암시한다고 한다. 말을 잃은 자의 침묵과 그 너머의 소통을 상징

한다고. 'Le Prince d'Aquitaine à la tour abolie'는 프랑스의 낭만주의 시인 제라르 드 네르발의 시에서 인용한 구절로 '폐허가 된 탑에 사는 아키텐의 왕자'라는 뜻이며, 화자와 시인을 겹쳐 상징하는 부분이라고 한다. 'Why then Ile fit you. Hieronymo's mad againe'는 토머스 키드의 르네상스 극 〈스페인 비극〉에서 인용한 구절로 극적인 복수와 정신 붕괴를 뜻한다고. 정신 붕괴라…. 나에게 하는 말일까?

여러 가지 외국어와 고전 문학에 통달한 독자가 혹시 있다면 아직 붕괴되지 않았을지도 모르겠다. 하지만 마지막 한 방으로 산스크리트어(!)가 등장한다. 'Datta. Dayadhvam. Damyata.' 이 구절은 힌두교 정전의 일부로 신이 인간에게 세 가지 교훈을 주는 장면에 등장한다. 'Datta(다타)'는 '주어라'는 뜻으로 이기심에서 벗어나라는 가르침. 'Dayadhvam(다야드밤)'은 '자비를 베풀어라'는 뜻으로 타인을 이해하라는 가르침. 'Damyata(다먀타)'는 '절제하라'는 뜻으로 욕망을 다스리라는 가르침이라고 한다.

그리고 마지막 행 'Shantih shantih shantih.' '샨티'는 산스크리트 기도문에서 자주 등장하는 의례적 마무리인데 '평화'를 의미한다고. 샨티 샨티 요가 파이어? 노라조의 노래 '카레'가 떠오르는 사람은 나뿐일까?

그렇다. 엘리엇은 어렵다. 영어의 문제가 아니기에 영국인 미국인에게도 똑같이 어렵다. 그러니 편안한 마음으로 번역본을 권한다.

엘리엇을 비롯한 20세기 작가들은 비교적 이름이 친숙하다. 조지 버나드 쇼, 윌리엄 버틀러 예이츠, 제임스 조이스, 버지니아 울프, J.R.R. 톨킨, 로버트 프로스트, 랭스턴 휴스, 윌리엄 포크너, 어니스트 헤밍웨이, 유진 오닐, 사뮈엘 베케트, 존 스타인벡, F. 스콧 피츠제럴드…. 거기에 몇 년 전에 세상을 떠난 코맥 매카시와 아직 살아 있는 스티븐 킹, J.K. 롤링까지. 200년쯤 후에 20세기 영미문학을 대표하는 작가를 다섯 명 추린다면 누가 들어갈지 궁금하다. 아마 지금의 평가와는 다를 것이다.

마지막으로 윌리엄 버틀러 예이츠William Butler Yeats를 읽어보자. 하필 예이츠를 고른 이유는 아빠 때문이다. 얼마 전 함께 골프를 치고 사우나에 나란히 앉아 쉬던 중이었다. 영시를 소개하는 책을 준비 중이라고 말씀드렸더니 무척 좋아하시면서 대뜸 이렇게 말씀하셨다. "예이츠 시도 나오지? 아빠는 *이니스프리 호수섬The Lake Isle of Innisfree*, 그 시를 참 좋아했다."

이제 일어나 갈 거야. 이니스프리로 갈 거야.
진흙과 나뭇가지로 만든 작은 오두막

그곳에서 콩밭 아홉 줄을 가꾸고 꿀벌 집도 놔둬야지.
벌 소리 들리는 오솔길에서 혼자 살아야지.

그곳에서 약간의 평온함도 얻을 거야.
아침 안개의 장막에서부터 귀뚜라미 노래하는 곳까지
천천히 떨어지는 평온함 말이야.
깊은 밤은 희미하게 한낮은 보랏빛으로 빛나고
저녁은 방울새의 날갯짓으로 가득한 그곳.

이제 일어나 갈 거야. 밤에도 낮에도 늘 들려.
호수의 물결 밀려드는 은은한 소리가
찻길에 서 있어도 보도에 서 있어도 늘 들리지.
내 마음 한가운데 깊은 곳에서.

난해하고 무거운 엘리엇 시를 읽다가 쉽고 가벼운 예이츠의 시를 읽으니 호숫가 오두막에 와 있는 착각이 든다. 물론 예이츠가 이렇게 작고 예쁜 시만 쓴 건 아니다.

예이츠는 조국 아일랜드와 떼놓고 설명할 수 없는 인물이다. 아일랜드 민족주의자였고 독립 후에는 상원의원까지 지냈다. 노벨상을 받은 최초의 아일랜드인으로, 한림원에서는 고도의 예술적인 양식으로 아일랜드라는 나라의 집단적 영혼을 표현했다고 선정 이유를 밝혔다. 요즘도 아일랜드에서 가장 내세우는 위인이라 지폐에도 여권 속표지에도 그려져 있다. 쉽게 안창호와 김소월이 합쳐진 인물이라고 이해하면 될 듯하다. 그는 1923년에 노벨문학상을 받고 엘리엇은 1948년에 받았는데, 엘리엇은 예이츠야말로 최고의 현대 시인이라고 거듭 존경을 표했다.

예이츠의 다른 시를 읽기 전에 그의 사생활을 잠깐 엿보도록 하자. 그는 스물네 살에 만난 모드 곤Maud Gonne이라는 여자를 무려 30년에 걸쳐 짝사랑했다. 예이츠보다 훨씬 급진적인 아일랜드 민족주의 운동가였다. 예이츠는 긴 세월 동안 거듭 청혼했으나 모드 곤은 끝까지 거절했고, 결국 예이츠는 그녀와 닮은 다른 여자와 결혼했다. 읽기만 해도 술 한 잔 마신 기분이 드는 예이츠의 **술노래***A Drinking Song*로 이번 장을 마무리한다.

술은 입으로 들어오고
사랑은 눈으로 들어온다.
나이 들고 죽기 전에
정말로 알게 될 진실은 그것뿐.
나는 입으로 잔을 가져가고
눈으로 너를 바라보고, 한숨 쉰다.

어떤 길

The Road Not Taken

Robert Frost(1874~1963)

Two roads diverged in a yellow wood,
And sorry I could not travel both
And be one traveler, long I stood
And looked down one as far as I could
To where it bent in the undergrowth;

Then took the other, as just as fair,
And having perhaps the better claim,
Because it was grassy and wanted wear;
Though as for that the passing there
Had worn them really about the same,

And both that morning equally lay
In leaves no step had trodden black.
Oh, I kept the first for another day!
Yet knowing how way leads on to way,
I doubted if I should ever come back.

I shall be telling this with a sigh
Somewhere ages and ages hence:

Two roads diverged in a wood, and I—
I took the one less traveled by,
And that has made all the difference.

가지 않은 길

로버트 프로스트

노란 숲속에 갈라진 두 갈래 길
두 길을 다 갈 수 없어 아쉬운 마음
여행자인 나는 길 하나를 골라
한참을 서서 최대한 멀리
덤불로 꺾여 사라질 때까지 내다봤어.

그러고는 다른 길을 택했어.
똑같이 괜찮고 어쩌면 더 나을지도 몰라서.
풀이 무성하고 덜 밟혀 있었거든.
물론 지나고 나서 보면
두 길은 비슷하게 닳아 있을지도.

그날 아침 두 개의 길 모두
검은 발자국 없이 낙엽에 덮인 채 뻗어 있었어.
첫 번째 길은 다음에 걷겠다고 남겨두었는데!
길이란 또 다른 길로 계속 이어짐을 알기에

못 돌아오겠구나 싶었어.
긴 세월 지나 어딘가에서
나는 한숨 지으며 이 이야기를 할 거야.
숲속에 두 갈래 길이 있었고
나는, 나는 사람들이 덜 간 길을 택했고
그 선택이 모든 것을 바꾸었다고.

나는 20세기 중반을 거치며 대중음악이 자리 잡은 후에는 가수(직접 노랫말을 쓰는 경우)와 시인의 경계가 지워졌다고 생각한다. 몇 년 전 가수 밥 딜런이 노벨문학상을 받은 이유도 그래서다. 이문세 노래를 많이 만든 이영훈이나 산울림의 김창완도 내 머릿속에는 가수이자 시인으로 분류되어 있다. 모든 래퍼가 그런 건 아니지만, 몇몇 래퍼들은 거리의 시인이라고 부를 만하다. 이를테면, 켄드릭 라마는 랭스턴 휴스의 후예이며 계승자라고 확신한다. 시의 운율에 심혈을 기울였던 퍼시 셸리나 앨프리드 테니슨이 요즘 가수들을 봤다면, '어 내가 진짜 하고 싶었던 게 이건데!'라고 감탄했을 것 같다.

앞에서 본 로버트 프로스트의 시는 길을 소재로 한 대표적 영시다. 이 시에서는 선택이라는 행위를 감각적이고 은유적으로 관조한다. 남들과 다른 길을 가라는 주제로 해석하는 사람도 있고 자기 선택에 책임을 져야 한다는 교훈을 얻는 사람도 있다. 지나온 인생에 만약이란 없다는 해석은 어떨까? 이 시처럼 길을 소재로 한 노래도 많이 있다. 프랭크 시나트라의 'My way'는 우직하게 한길을 걸어온 사람의 자부심을 노래하고 패스트볼의 'The way'는 어느 노부부의 기괴한 최후에 대해 노래한다. 역시 좋은 시다.

이 챕터에서는 밥 딜런의 노랫말을 번역하고 소개해본다. 수많은 밥 딜런의 노래 중 뭘 고를지 고민하면서 참고용으로 책을 찾아보았다. 데이비드 보위와 모리세이 등등 유명한 가수들과 함께 일했던 프로듀서 토니 비스콘티가 참여한 책《죽기 전에 꼭 들어야 할 팝송 1001》(마로니에북스, 2013)을 보면 이런 대목이 나온다. "밥 딜런의 곡 중 최고를 꼽는 것은 반 고흐의 최고 명작을 뽑는 일만큼이나 쓸데없는 짓이다. 그러나 대부분의 딜런 팬은 이미 한 번쯤 해보았을 것이다. 그들은 거의 'Like a Rolling Stone'을 택했다."

내가 좋아하는 순서로는 손가락에 꼽히지 않는데, 밥 딜런 팬 대부분이 그렇다고 하니 이 노래 가사를 원문부터 살펴보자. 지면을 아끼기 위해 반복되는 후렴은 생략한다.

Once upon a time you dressed so fine

You threw the bums a dime in your prime, didn't you?

People'd call say "beware doll, you're bound to fall"

You thought they were all kidding you

You used to laugh about

Everybody that was hanging out

Now you don't talk so loud

Now you don't seem so proud

About having to be scrounging your next meal

How does it feel, how does it feel?

To be without a home

Like a complete unknown, like a rolling stone

Ahh you've gone to the finest schools all alright, Miss Lonely

But you know you only used to get juiced in it

And Nobody has ever taught you how to live out on the street

And now you gonna have to get used to it

You said you'd never compromise

With the mystery tramp, but now you realize

He's not selling any alibis

As you stare into the vacuum of his eyes

And say do you want to make a deal?

Ah you never turned around to see the frowns

on the jugglers and the clowns

When they all come down and did tricks for you

You never understood that it ain't no good

You shouldn't let other people get your kicks for you

You used to ride on the chrome horse with your diplomat

Who carried on his shoulder a Siamese cat

Ain't it hard when you discover that

He really wasn't where it's at

After he took from you everything he could steal?

Ahh princess on the steeple and all the pretty people

They're drinking, thinking that they got it made

Exchanging all precious gifts

But you'd better take your diamond ring, you'd better pawn it

babe

You used to be so amused

At Napoleon in rags and the language that he used

Go to him now, he calls you, you can't refuse

270

When you got nothing, you got nothing to lose

You're invisible now, you got no secrets to conceal

How does it feel, how does it feel?

To be on your own, with no direction home

Like a complete unknown, like a rolling stone

한때 너는 멋지게 차려입고

잘나갈 때는 거지들에게 동전도 던져줬었잖아, 그렇지?

언젠가 추락할 때가 올 거라고 사람들이 경고해도

넌 농담인 줄 알았지.

어울려 다니던 사람들을 비웃곤 했지만

이제 넌 그렇게 큰소리를 못 내

이제 넌 거만해 보이지도 않아

끼니를 구걸해야 하는 처지가 되어버렸으니.

기분이 어때? 기분이 어떠냐고?

집도 절도 없고 아무도 몰라주는

떠돌이 신세가 된 기분이 어때?

맞다, 너 학벌도 끝내줬지, 외톨이 아가씨?

하지만 넌 학교에서 그냥 취해 있었고
거리에서 사는 법은 아무도 가르쳐주지 않았지.
이제는 거리의 삶에 익숙해져야 할 거야.

정체 모를 뜨내기와 친해질 일은 없다고 했지만
그의 공허한 눈을 들여다보면서
거래를 시도할 때 알게 될 거야.
그는 약을 팔지 변명은 팔지 않아.

광대들이 너를 위해 재주를 부려도
그들의 찡그린 얼굴은 돌아볼 줄 몰랐고
그런 태도가 좋지 않다는 것도 몰랐어.
재미를 위해 다른 사람을 부려 먹으면 안 되지.

넌 번쩍이는 차를 타고 사기꾼 녀석과 다녔지.
어깨에 샴 고양이를 얹고 다니던 놈 말이야.
훔칠 수 있는 건 죄다 훔쳐 간 그놈이
거짓말쟁이라는 걸 알게 되었을 때 힘들지 않았어?

아, 첨탑 위의 공주와 멋진 사람들 모두 술을 마시며
성공을 만끽하며 비싼 선물을 주고받지만

272

너는 다이아몬드 반지를 챙겨서
전당포에 맡기는 게 좋을 거야.

한때 너는 거지 신세가 된 나폴레옹과
그의 말투에 즐거워하곤 했지.
그가 부르잖아, 가봐, 거절할 수 없을걸.
가진 게 없으면 잃을 것도 없지.
이제 넌 존재감이 없으니 감출 비밀도 없는 셈.

기분이 어때? 기분이 어떠냐고?
홀로 남아 집으로 가는 길도 잃어버리고
아무도 몰라주는 떠돌이 신세가 된 기분이 어때?

앤디 워홀의 뮤즈이자 사교계의 스타였다가 갑자기 몰락하여 스물여덟 살에 세상을 떠난 에디 세즈윅을 소재로 한 노래라는 의견도 있는데 밥 딜런 본인은 부인했다. 그는 이 노래가 자기혐오에 관한 노래일 수도 있고, 돈과 유명세에 열광하는 현대 사회를 경계하는 노래일 수도 있다고 했다.

다른 해석의 여지가 있는 부분이 몇 가지 있는데, 다섯 번째 단락에서 'And say do you want to make a deal?'라는 구절에 나오는 거래는 마약이나 매춘을 뜻하는 걸로 보인다. 따라서 바로 앞의 난해한 구절 'He's not selling any alibis'를 '약을 팔지 변명은 팔지 않는다'로 의역했다. 노래 마지막 부분에 'At Napoleon in rags'는 '누더기를 입은 나폴레옹'이라고 직역하면 의미 전달이 너무 어렵고, '잘나가다가 망한 녀석'이라고 의역하면 말맛이 살지 않는 것 같아 '거지 신세가 된 나폴레옹'으로 해두었다.

가장 과감한 의역은 일곱 번째 단락인데 'You used to ride on the chrome horse with your diplomat'의 '크롬 말'을 번쩍이는 자동차로 번역해보았다. 그 시절 자동차, 특히 배기량도 차체도 컸던 미국 자동차에는 반짝이는 크롬 장식을 넣는 디자인이 유행이었기 때문이다. 한때 자동차 마니아였던 내가 볼 때, 포드의 3세대(1961~1963) '썬더버드'로 짐작된다. 이 차 사진(특히 붉은색)을 검색해보면 내가 왜 이렇게 번역했는지 단박에 알 수 있을 것이다.

밥 딜런을 다룬 영화 제목 〈컴플리트 언노운〉도 이 노래에서 반복되는 구절에서 따왔다. 워낙 좋은 노래여서 다시 부른 가수도 셀 수 없이 많은데, 나는 원곡보다 롤링 스톤스 버전을 더 좋아한다. 노래 제목과 그룹 이름이 같다는 공통점도 있고, 믹 재거의 방탕한 음색이 노래와 훨씬 더 잘 어울리기 때문이다. 평생 슈퍼 셀럽이자 쾌락주의자로 살았던 그의 삶도 그렇고. 아, 갑자기 맥주 당기네.

다음으로 볼 밥 딜런의 노랫말은 'Make you feel my love'
다. 아델의 노래로 아는 사람들이 더 많을 텐데, 리메이크다.
아델이 워낙 잘 불러놔서 이젠 아델 버전이 더 나은 것 같기도
하다. 노랫말을 보자.

빗줄기가 당신 얼굴을 때리고
온 세상이 못살게 굴 때
당신을 안아드릴게요.
내 사랑을 느낄 수 있도록

저녁 어스름 속으로 별이 뜨고
아무도 눈물을 닦아주지 않을 때
당신을 백만 년이라도 잡아줄게요.
내 사랑을 느낄 수 있도록

당신이 아직 마음을 못 정했다는 걸 알지만
괜찮아요, 뭐라고 하지 않아요.
우리가 처음 만난 그 순간부터 알고 있어요.
당신이 내 사람이라는걸.

밥도 굶고 미칠 수도 있고 거리를 기어 다닐 수도 있어요.

내가 하지 못할 일이라곤 없어요.

당신이 내 사랑을 느낄 수만 있다면

출렁이는 바다 위로 후회의 고속도로 위로

폭풍이 진노하고 있어요.

변화의 바람이 거세게 멋대로 불고 있어요.

당신은 나 같은 사람을 만난 적 없죠.

행복하게 해줄게요.

당신의 꿈을 이뤄줄게요.

못할 일은 없어요.

당신을 위해 지구 끝까지 가요.

내 사랑을 느낄 수만 있다면

내 사랑을 느낄 수만 있다면

아델은 겨우 열아홉 살 때 데뷔 앨범을 발표했는데 나이를 따서 '19'로 앨범 제목을 정했다. 열아홉 살이라고 믿을 수 없을 만큼 원숙한 음색과 가창력에 세상이 깜짝 놀랐다. 더욱 놀랍게도 그녀는 앨범의 모든 곡을 직접 작곡했는데 오직 딱 한 곡, 이 노래만 리메이크로 실었다. 이에 관해 아델이 직접 당시 상황을 밝힌 적 있다. "원래는 데뷔 앨범에 커버곡을 넣고 싶지 않았어요. 마치 난 이런 곡을 쓸 능력이 안 되니까 커버곡으로 만회하겠다고 인정하는 것 같잖아요. 그런데 뉴욕에 머무르는 동안 제 매니저가 이 노래를 부르는 걸 들었는데, 너무 감동받아버렸어요."

대체 어떤 점이 열아홉 살 아델의 마음을 움직인 걸까? 여기서부터 나의 상상을 펼쳐본다.

지금은 비욘세, 테일러 스위프트와 함께 21세기 최고의 여자 가수로 꼽히는 슈퍼스타지만, 어린 시절 아델은 아빠에게 배신당한 딸이었다. 알코올 중독자였던 아버지는 어린 딸을 떠난 후 만나기로 한 약속을 번번이 어겼고, 변명과 거짓말로 일관했다. 아델은 훗날 인터뷰에서 어린 시절 늘 아빠의 관심을 끌고 싶었다고 고백했다. 아빠가 자신을 배신할수록 더 매달리고 사랑을 갈구했다고.

당신이 내 사랑을 느끼게 할 수만 있다면 무슨 일이든 하겠다는 이 노래를 부르며, 아델은 아빠를 떠올리지 않았을까? 실제로 그렇지 않았다 하더라도 노래를 해석하는 건 듣는 사람의 몫. 나에겐 이 노래는 사랑 노래가 아닌 절절한 사부곡으로 들린다.

아델은 이후로도 앨범을 발표할 때마다 당시 나이를 제목으로 붙였다. '19'부터 '21' '25' '30'까지 발표하는 동안, 나는 늘 궁금했다. 첫 앨범이야 그렇다 쳐도 서른 넘어서까지 굳이 나이를 앨범 제목으로 붙인 이유가 뭘까? 이 궁금증이 해결되지 않은 상태로, 그녀는 21세기의 디바로 등극했다. 그사이 알코올 중독자 아빠는 어떻게 되었을까?

아델은 성공한 후에도 아버지에게 배신당하고 증오하고 용서하고, 또 배신당하고 증오하고 용서하기를 반복하며 살았다. 결국 아버지는 암에 걸렸고, 다신 아빠를 안 보겠다고 마음먹었던 아델은 그 소식을 듣고 살날이 얼마 남지 않은 아버지를 찾아갔다. 그녀는 데뷔앨범 '19'부터 '21' '25' '30'까지 차례로 들려주고 아버지를 끌어안고 펑펑 울었다고 한다.

그 이야기를 듣고서 이런 생각도 들었다. 발표하는 앨범마다 굳이 당시 나이를 제목으로 붙인 이유는 아버지에게 들려주고 싶어서였나? 당신이 버린 아이가 이렇게 살아왔다고 들려주고 싶었던 무의식의 발현 말이다. 어쨌든 어려운 표현 하나 없이, 사랑 노래로 들어도 사부곡으로 들어도 눈물겨운 노랫말이 대단하다.

밥 딜런의 노래가 워낙 많다 보니, 그의 노랫말만 가지고도 책 한 권이 너끈히 나올 만하다. 아쉽지만 이쯤하고 다음 노래로 넘어가자.

비틀즈를 빼놓으면 섭섭하지. 초기의 청춘 로큰롤부터 난해하기 짝이 없는 은유와 상징까지, 한 편의 시와 같은 노랫말이 차고 넘친다. 'Helter Skelter'나 'Lucy in the sky with diamonds' 같은 노래를 기대한 분들에겐 괜히 죄송한데, 가장 쉽고 사랑스러운 곡을 골랐다. '페퍼 상사의 외로운 사람들 밴드Sgt. Pepper's Lonely Hearts Club Band' 앨범에 실린 소품 'When I'm sixty-four'다.

오랜 세월 지나 내가 늙고 머리가 빠져도
생일이나 발렌타인 날에는
인사와 함께 와인 한 병 보내줄래?
새벽 늦게까지 내가 안 들어오면
넌 문을 걸어 잠글까?
여전히 나를 원하고 밥을 차려줄래?
예순네 살이 되어도?
너도 같이 늙을 거야.
허락만 해준다면 곁에 있어줄게.

전등이 나가면 퓨즈를 고쳐준다든가
집안일은 잘 할 수 있어.
넌 난롯가에서 스웨터를 뜨고
일요일이면 외출도 하자.

정원도 가꾸고 잡초도 뽑고

이 정도면 괜찮은 남편 아냐?

여전히 나를 원하고 밥을 차려줄래?

예순네 살이 되어도?

너무 비싸지만 않다면

여름이면 와이트 섬 오두막을 빌려도 좋겠다.

아끼고 저축도 해야지.

베라, 척, 데이브, 손주들도 당신 무릎에 앉혀야지.

엽서를 보내 한 줄 적어줘.

당신 생각이 뭔지

하고 싶은 말을 정확히 해주면 좋겠어.

형식적인 인사는 안 해도 좋아.

정식으로 답을 해줘.

영원히 내 사랑이 되어주겠다고.

여전히 나를 원하고 밥을 차려줄래?

예순네 살이 되어도?

내용을 보면 폴 매카트니가 말년에 만든 곡 같지만, 놀랍게도 그가 열다섯 살쯤 최초로 작곡한 노래다. 10대 후반 아마추어 밴드였을 때 무대에서 연주한 음원도 있다. 원래 동요 같았던 곡을 약간 편곡하고 존 레논의 목소리도 살짝 얹어 불후의 명반에 실었다. 이 앨범을 100번은 더 들었을 텐데, 난 이 노래가 가장 이질적이라는 의견에는 동의하지만 옥의 티라는 의견에는 동의 못 한다. 내가 아는 최고의 사랑 노래 중 하나인걸. 20대 초반에 이 노래를 처음 들었을 때도 쉰이 된 지금도 그렇게 생각한다.

꽤 오랜 세월 이 노래를 잊고 살다가 2014년 어느 인디밴드의 앨범을 듣다가 꽤 닮은 느낌의 노래를 발견하고 여러 번 방송에 소개했다. 제8극장의 노래 '넌 뭐라할래'. 같이 들어보시길.

누군가는 21세기를 '시가 사라진 시대'라고 한다. 그건 돈이 사라진 시대라고 말하는 것과 같다. 현금이 거의 사라졌을 뿐 다른 방식으로 돈은 돌고 돈다. 마찬가지로, 노래가 시고 시가 노래다. 바야흐로 시의 시대다.

부록

영미 문학을 더 깊이 있게 이해하기 위한
역사 이야기

문학을 공부하는 올바른 순서는 무엇일까? 시간과 인내심이 무한정 있다면 연대기적 학습이 최고일 것이다. 그러나 가장 오래된 문학 작품부터 순서대로 공부해 현재까지 이르는 방법은 그 어떤 학교에서도 시도하지 않을 만큼 무모하다. 우리 문학을 배울 때도 고전부터 차례로 배우지는 않는다. 역사와 언어에 관한 선행학습이 필요하기 때문이다.

영문학을 배울 때는 우리 문학보다 훨씬 더 많은 선행학습이 필요하다. 일단 영어라는 언어를 필수적으로 익혀야 한다. 당연한 이야기지만, 영어를 잘하면 잘할수록 영문학 공부에 유리하다. 성경과 기독교도 알면 알수록 유리하다. 거기에 영국과 미국 역사도 깊이 알수록 유리하다.

영문학 이해를 돕기 위해 고대에서 중세에 이르는 초기 역사를 간단히 정리해본다. 최대한 재미있게 풀었으니 나를 믿고 한번 읽어보시길.

옛날 먼 옛날 영국에는

옛날 아주 먼 옛날 호랑이 담배 피우던 시절, 그러니까 청동기 시대에서 철기 시대로 넘어갈 무렵이다. 대략 기원전 6세기쯤이며 우리 역사로 치면 흔히 상고시대라고 부르는, 삼국시대 이전 시대에 해당한다. 당시 유럽 전역에 퍼져가던 켈트족이 영국 땅(브리튼 섬)으로 넘어왔다. 이들은 큰 몸집에 흰 피부와 붉거나 금빛이 나는 머리카락, 푸른 눈이라는 신체적 특징을 갖고 있었다.

특히 브리튼 섬에 정착한 켈트족은 그림이나 문자를 몸에 새기는 풍습이 있었는데, 이 풍습에서 '몸에다 그림을 그린 사람'이라는 뜻의 라틴어 '프레타니카이Pretanikai'가 만들어졌다. 이 단어는 훗날 로마 시대에 '브리타니아Bretania'라는 단어로 변형되어 오늘날 영국을 뜻하는 '브리튼Britain'이 되었다.

켈트족 외모를 쉽게 알 수 있는 만화가 있다. 우리나라에서도 꽤 유명한 프랑스 만화《아스테릭스》다. 자그마한 체구의 빨간 머리 아스테릭스와 덩치 크고 빨간 머리에 푸른색 줄무늬 바지만 입은 오벨릭스가 켈트족(갈리아인이라고도 불리는)이다. 만화 내용도 두 친구가 로마제국 군대를 상대로 펼치는 모험이다.

세월이 흐르면서 켈트족은 지역에 따라 분화되었다. 잉글랜드 지역의 켈트족을 '브리튼인'이라 불렀고, 북쪽 스코틀랜드 지역의 켈트족은 '픽트족'이라 불렀다. 영어 단어 'picture'와 어원과 같은데, 역시 몸에 그림을 그리는 풍습에서 기인한 이름이다. 오늘날 대중매체에서 묘사하는 켈트족의 모습은 픽트족인 경우가 많다. 대표적인 예로 영화 〈브레이브 하트〉가 있다. 스코틀랜드의 영웅 월리스(배우 멜 깁슨)가 얼굴에 시퍼런 물감을 칠하고 '프리덤!'을 외치며 전투에 나서는데, 딱 고대 픽트족의 묘사다. 영화의 시대적 배경이 13세기인데 이때 월리스 장군이 정말 고대 픽트족처럼 물감을 칠했을까 싶긴 하지만, 영화는 재미있다.

켈트족이 살던 브리튼 섬에 로마 제국군이 쳐들어온 기록은 기원전 55년부터 시작된다. 막강한 로마제국에 맞서 켈트족은 강력히 저항했으나 결국 잉글랜드 지역을 내주고 말았다. 이후 로마제국의 통치 기간이 길어짐에 따라 당연히 문물 교류도 활발해졌고 적지 않은 영향을 받게 되었다. 그래서 로마 문화에 동화된 잉글랜드 켈트족을 스코틀랜드 켈트족과 구분해 '라틴 브리튼' 혹은 그냥 '브리튼인'으로 부르기도 한다.

잉글랜드와 달리 북쪽 스코틀랜드는 끝까지 로마제국에 굴복하지 않았다. 거친 숲과 산으로 이루어진 지형적 특성에 픽트족의 강인함과 자존심이 결합한 덕분에 끝내 지배당하지 않고 버텨냈다. 오히려 로마제국이 지배하던 잉글랜드 지역을 종종 침략하곤 했다. 로마군에겐 공포의 대상이어서 픽트족을 막으려고 쌓은 거대한 성벽이 지금도 있다.

로마제국이 몰락하면서 잉글랜드 지역에서도 수백 년 피지배 시대가 막을 내렸다. 스코틀랜드 픽트족이 이때다 하고 잉글랜드로 내려온 건 당연한 일이었다. 그런데 몸이 멀어지면 마음도 멀어지는 법. 뿌리는 같은 켈트족이지만 이미 긴 세월 동안 로마의 문화에 익숙해져 있던 브리튼인이 보기에 픽트족은 너무 야만적이었다. 하지만 로마에 지배당하며 약해질 대로 약해져 있던 브리튼인은 픽트족을 상대할 엄두가 나지 않았다. 그때 이런 소문이 들려온다. "바다 건너 게르만족이 그렇게 싸움을 잘한대. 색슨족, 앵글족, 주트족, 전부 살벌하다는데?"

그래서 브리튼인은 대륙의 게르만족을 용병으로 끌어들여 픽트족을 막으려고 했다. 먼저 들어온 종족은 주트족이었다. 주트족, 앵글족, 색슨족 등등은 게르만족과 같은 '족'이 붙지만, 민족 개념인 게르만과 비교하면 부족 정도의 하위 분류로 이해하면 적당할 것이다. 켈트족과 픽트족도 비슷한 관계로 보면 된다.

어쨌든 막상 주트족이 잉글랜드에 와보니 이게 웬 떡이냐 싶었다. 무주공산이랄까. 원래는 스코틀랜드 픽트족과 싸워주는 대신 돈도 받고 토지도 받기로 한 주트족은 슬슬 다른 마음을 품기 시작했다. 픽트족을 어느 정도 막아준 후, 대륙으로 돌아가지 않고 잉글랜드에 눌러앉은 것이다. 견물생심이랄까. 이 소식은 대륙의 다른 게르만 종족의 귀에도 들어간다. "야, 너희들 주트족 얘기 들었냐? 바다 건너 브리튼이 기회의 땅이래. 우리도 먹자!"

주트족의 뒤를 이어 앵글족도 오고 색슨족도 쳐들어왔다. 게르만족에게 또 지배당하려니 지긋지긋하고 스코틀랜드 픽트족에 투항하기도 싫었던 브리튼인의 심정은 이랬을 것 같다. "여기도 야만인, 저기도 야만인. 그놈이 그놈인데, 우린 어디로 가야 하나?" 사면초가랄까.

그들은 중서부 산악 지대로 도망쳐 세력을 형성했는데, 훗날 잉글랜드에 완전히 정착한 앵글로색슨족이 이들을 가리켜 '이방인'이라는 뜻의 'Wēalas'라 불렀다. 적반하장이랄까. 누가 누구한테 이방인이래⋯. 어쨌든 현재 영국 중서부 지역을 일컫는 '웨일스'라는 이름이 바로 여기서 유래했고, 아서 왕 전설은 이때 게르만족과 용맹하게 맞서 싸운 웨일스의 왕 이야기다.

이 시점부터 잉글랜드(앵글족과 색슨족으로 대표되는 게르만족), 웨일스(쫓겨난 브리튼인), 스코틀랜드(픽트족)가 독자적인 국가로 분화 발전하기 시작했다. 브리튼 섬을 크게 세 지역으로 구분하면 우리 삼국시대처럼 지정학적 위치가 비슷해서 이해하기 쉽다. 신라 자리에 잉글랜드, 백제 자리에 웨일스, 고구려 자리에 스코틀랜드. 신라 자리에 있던 잉글랜드가 결국 통일 왕국을 이뤄 현재 영국의 중심이 되는 것도 비슷하다.

다만, 문화적인 차이는 우리보다 훨씬 더 크다. 우리나라 경상도 전라도 정도로 생각하면 완전 오산. 스코틀랜드는 최근까지도 독립을 시도할 정도고, 웨일스도 못지않다고 봐야 한다. 월드컵에도 잉글랜드, 스코틀랜드, 웨일스 그리고 북아일랜드까지 4개 대표팀이 따로 참가한다. 웨일스에서는 영어와 함께 웨일스어를 공용어로 사용하는데 사투리 수준이 아니라 아예 다른 언어다.

잉글랜드 지역에 정착한 사람들의 모습은 로마 역사가인 타키투스가 쓴 《게르마니아Germania》에 상세하게 묘사되어 있다. 창백한 피부에 털이 많고 체격이 크며 눈은 푸른색에 머리털은 금발이 흔했다고 한다. 주로 육식을 했고 술도 많이 마시고 촌락 단위로 미개한 생활을 했다는 풍습도 전해진다. 심지어 앵글로색슨족은 미신 때문에 잉글랜드 지역에 있던 로마식의 좋은 집에 살지 않고, 대륙에서 살던 대로 통나무로 집을 지어 산 경우가 많았다.

로마인들이 군대만 파병해 켈트족(브리튼인)을 지배하는 방식으로 지냈다면, 게르만족은 켈트족을 아예 내쫓고 정착했다는 차이가 있다. 주트족, 앵글족, 색슨족은 잉글랜드 땅에

각각 자신들만의 소왕국을 세웠다. 주트족은 켄트Kent, 앵글족은 머시아Mercia, 노섬브리아Northumbria, 이스트앵글리아East Anglia, 색슨족은 에섹스Essex, 웨식스Wessex, 서섹스Sussex. 이렇게 7개의 소왕국 혹은 부족국가는 수백 년간 흥망성쇠를 거듭한다.

이 시기를 칠왕국Heptarchy 시대 혹은 앵글로색슨 왕조라고 부른다. 고대 영어가 틀을 잡았다는 의미에서 영문학의 뿌리가 생긴 시기이기도 하다. 지금의 영어와는 완전히 다르지만, 앵글족의 언어라는 뜻의 잉글리시English라는 단어가 생겼고 앵글족의 땅이라는 뜻을 가진 잉글랜드England라는 단어를 쓰기 시작한 것도 이즈음부터다.

시대적으로 449년부터 1066년, 그러니까 노르망디의 윌리엄 2세가 영국을 침략해 통치하기 전까지 쓰던 영어를 고대 영어라고 하는데, 지금의 영어하고는 완전히 다르다. 어휘, 발음, 강세, 어순 등등이 독일어와 더 비슷하다.

기독교가 전파된 것도 이 시기의 일이다. 원래 게르만 부족들의 전통 종교는 여러 설화를 통해 전해지는 권선징악식의 율법이었는데 영국으로 건너온 후 점점 힘을 잃었고 이 자리를 기독교가 쉽게 차지할 수 있었다. 669년에 로마 교황청으로부터 정식으로 캔터베리 대주교가 임명되고 대략 8세기부터는 영국도 확실하게 로마 교황의 관리를 받게 되었다. 캔터베리라는 곳은 영문학에서도 아주 중요한데, 영문학사의 기념비적인 작품 《캔터베리 이야기》가 훗날 영국 국왕에게 암살된 캔터베리 대주교를 기리는 성지 순례에서 벌어진 일들을 다루고 있기 때문이다.

그렇다면 이때부터 잉글랜드 지역에는 앵글로색슨족이 기독교를 믿으며 평화롭게 살았을까? 평화는 오래가지 않았다. 이미 8세기 말부터 출현하기 시작한 데인족이 문제였다. 데인족은 노르드족과 함께 가장 많이 언급되는 바이킹인데, 가장 오래된 고대 영어 기록인 《앵글로색슨 연대기》에는 당시 데인족의 등장을 이렇게 묘사하고 있다.

"서기 793년, 노섬브리아의 땅에 끔찍한 경고가 날아들었고, 사람들을 가장 비참하고 두렵게 했다. 이것은 공기를 찢고 돌진하는 거대한 빛이요, 회오리바람, 하늘을 가로질러 날아가는 불의 용이었다. 이 엄청난 징표 후에 기근이 뒤따랐고, 얼마 지나지 않아 이방인들의 가혹한 침입이 성스러운 섬에 있는 하느님의 교회를 강간과 학살로 덮쳤다."

실로 참혹한 기록은 그 뒤로도 계속 이어진다. 바이킹들은 수도사들을 전부 죽이거나 바다에 던져버린 다음 유유히 빠져나갔고, 이후에도 끊임없이 브리튼 섬을 침략해 앵글로색슨인들을 괴롭혔다. 865년에는 무려 300여 척의 배를 끌고 내려와 캔터베리와 런던까지 침입했다. 이전의 바이킹들이 약탈을 마치고 떠난 것과 달리 이들은 요크 지역을 점령하고 눌러앉았다.

소왕국들이 난립하던 잉글랜드 지역은 바이킹의 침략으로 초토화되었고 그 여파로 아예 몇몇 왕국은 멸망하기도 했다. 웨식스 왕국의 앨프리드 대왕이 바이킹을 상대로 큰 승리를 거두고 그 후손들이 바이킹들을 몰아낸 후에야 잉글랜드 지역의 소왕국 시대는 끝나고 잉글랜드 왕국으로 통일되었다.

이후에도 데인족이 침략해 데인족 혈통 크누트 왕(재위 1016~1035)이 잉글랜드 왕국을 통치하는 일까지 있었으나, 크누트 왕은 진심으로 잉글랜드 왕국의 발전을 위해 노력하여 지금까지도 좋은 평가를 받고 있다. 기독교로 개종한 그가 하느님이 계신데 내가 왕 노릇을 할 순 없다며 왕관을 윈체스터 대성당 제단에 걸어두었다는 기록도 있는 걸 보면, 진심으로 잉글랜드 문화에 동화된 것 같다. 크누트 왕이 죽고 하레크누트(재위 1040~1042)가 아주 잠깐 통치한 후로는 더 이상 데인족이 영국을 점령하는 일은 없었다.

표면적으로는 바이킹의 침략으로 고생만 한 것 같지만, 결과적으로 앵글족과 색슨족이 같은 적을 상대로 함께 싸우면서 자연스럽게 통일국가를 이룬 이득도 있었다. 또 길고 긴 전쟁을 통해 생긴 직업 군인들이 나중에 기사나 영주 계급으로 발전해 중세의 기틀이 마련된 측면도 있다.

이렇게 간단하게나마 1010년쯤까지 영국 역사를 훑어보며 가장 오래된 영문학 작품의 필사본이 탄생한 시기까지 왔다. 왕과 전사와 용과 괴물이 펼치는 판타지 액션 《베오울프Beowulf》다.

영문학에 관심이 많은 사람이라면 어렴풋이 《베오울프》나 《캔터베리 이야기》를 최초의 영문학 작품으로 알고 있을 것이다. 대충 맞다. 정확히 말하자면 《베오울프》는 필사본 중에서 가장 오래된 작품이고, 《캔터베리 이야기》는 인쇄물 중에서 가장 오래된 작품이다. 그럼 최초의 소설은?

영문학에서 최초의 소설은 18세기가 되어서야 등장한다. 자, 이제 논쟁적인 이슈가 등장했다. 이 논쟁은 소설의 정의와 범위에 따라 결론이 달라진다. 정의가 느슨하고 범위가 넓어질수록 당연히 연대가 올라간다. 최대치로 넓혀버리면 《아서 왕의 죽음Le morte Darthur》이 있다. 이 작품은 유럽 각국의 문화, 종교, 전설 등등이 뒤섞여 혼란스러운 상태로 전해지던 아서 왕 전설을, 토머스 맬러리Thomas Malory가 1470년에 집대성한 뒤 《아서 왕의 죽음》이라는 제목을 붙여 1485년에 출판한 책이다. 영국 최초의 산문 작품으로는 확실하게 인정받고 있으나, 작가의 창작이 아니라 이미 만들어져 있던 이야기들을 번역하고 편집한 저술이라는 한계 때문에 소설로 보기는 어렵다는 것이 정설이긴 하다.

그 뒤로도 몇 작품이 후보가 되는데, 우리가 소설이라고 여기는 기준에는 조금씩 부족한 측면이 있다. 가장 널리 인정받는 최초의 소설은 우리가 매우 잘 아는 작품이다. 대니얼 디포Daniel Defoe의 《로빈슨 크루소Robinson Crusoe》(1719). 누가 봐도 요즘 소설과 비슷하다.

《베오울프》는 여러 사람이 살을 붙인 작자 미상의 구전 설화이고, 필사본은 1010년경에 만들어졌다고 추정된다. 《캔터베리 이야기》는 1400년에 작가 제프리 초서가 죽으면서 미완성으로 끝났으니, 둘 사이엔 무려 400년의 세월이 놓여 있다. 《캔터베리 이야기》는 조금 더 뒤에서 하고, 《베오울프》부터 살펴보자.

필사본의 연대와 별개로 《베오울프》의 전설이 언제 처음 구전되었는지는 알 길이 없다. 다만, 구전 시기에는 기독교 시각에서 보면 이교도이자 다신교 문화의 색채가 강했으니, 8세기 무렵 잉글랜드 지역 수도자들이 기독교적인 내용을 가미해 서사시 형식으로 집필한 것이 최초의 문자화일 거라고 짐작된다. 잉글랜드 지역의 종교 변화를 엿볼 수 있는 사료적 의미도 있는 것이다. 총 3,182행에 달하는 서사시 《베오울프》 원문을 잠깐 보자.

"Hwpæt! wē Gār-Dena in ġeār-dagum, þēod-cyninga,

þrym ġefrūnon, hū ðā æþelingas ellen fremedon."

"들어라! 우리는 전해 들었노라. 옛날 옛적 창을 든 덴마
크인들을, 그 백성들의 왕을 그리고 그들의 영광을. 그
귀족들이 얼마나 용맹을 떨쳤는지를."

원문은 영어 실력과 상관없이 해석 불가다. 그러니 《베오울
프》의 간단한 줄거리만 소개한다.

이웃 덴마크 왕국에 괴물 그렌델이 침입했다는 소식을 전
해들은 예어트족(예이츠Geats) 용사 베오울프는 일군의 용사들
을 소집하여 덴마크로 향한다. 베오울프의 무용을 잘 알고 있
던 덴마크 왕은 베오울프와 그렌델과의 싸움을 허락하며 성
대한 향연을 베풀어준다.

밤이 깊어 향연장의 용사들이 잠에 빠지자 괴물 그렌델이
급습하여 살상을 자행한다. 마침내 베오울프와 그렌델이 맞붙
고, 베오울프는 무시무시한 힘으로 괴물 그렌델을 격퇴한다.

승리를 축하하는 향연이 벌어지는데, 또 다른 괴물이 침입
한다. 그렌델의 어미가 아들의 원수를 갚기 위해 덴마크 궁궐
을 급습한 것이다. 그 습격으로 아끼던 부하를 잃은 덴마크 왕
은 슬픔에 빠진다. 베오울프는 그렌델의 어미가 살고 있는 늪
으로 향한다. 물속에서 치열하게 싸운 끝에 그는 그렌델의 어
미를 죽이고 승리의 징표로 머리를 잘라 들고 나온다.

성공적으로 모험을 완수한 베오울프는 고국인 예어트 왕국으로 귀환하여 왕에게 무용담을 고한다. 훗날 왕이 죽자 예어트인들은 베오울프에게 왕위에 오를 것을 간청하지만 그는 이를 거절하고 어린 왕세자가 왕위에 오르자 잘 보필한다. 이 왕마저 나중에 죽자 베오울프는 그제야 왕좌에 올라 50년간 나라를 다스린다.

재위 말년에 화룡이 침입하여 왕국을 초토화시키자 베오울프는 용을 물리치기 위해 다시 전투에 나선다. 치열한 전투 끝에 용을 살해하지만, 베오울프도 목숨을 잃는다. 그에게는 고대의 용사들이 가장 열망하는 헌사가 주어진다.

《베오울프》를 처음 봤을 때 무척 실망스러웠던 기억이 난다. 일단 어디서 많이 본 이야기였다. 그럴 수밖에 없는 것이 이미 전에 만들어진 숱한 영웅담과 엇비슷한 구도와 주제를 갖고 있기 때문이다. 당장 호머의 **일리아스**나 **오디세이아**와 비교해도, 거의 천 년이나 늦게 나왔는데 규모와 재미, 깊이 면에서 오히려 더 초라한 느낌이 들었다. 이건 발전도 표절도 아닌 퇴보잖아? 이게 그리스 문명인과 게르만 야만인의 수준 차이인가? 실망 외에 다른 기억은 없다. 《베오울프》의 진가를 깨달을 기회는 대학 졸업 후 찾아왔다.

2001년에 개봉한 영화 〈반지의 제왕〉을 보고 엄청난 충격에 빠졌다. 광고회사를 그만두고 방송국 피디로 새로운 커리어를 막 시작한 무렵이었다. 〈에이리언〉과 〈터미네이터〉 시리즈가 SF 영화의 새로운 차원을 보여주었을 때와 비슷한 충격이었다. 〈반지의 제왕〉 신드롬은 나뿐만 아니라 세계적인 현상으로 번졌고, 원작 소설을 쓴 J.R.R. 톨킨도 재조명받았다.

대한민국의 하루키가 될 거라는 망상에 빠져 있던 소설가이기도 했던 나도 톨킨이라는 작가를 알아보았다. 두 가지 사실에 충격받았다. 이토록 위대한 작가를 영문학을 전공한 내가 모르고 있었다는 것. 그리고 톨킨이 《베오울프》를 이렇게 칭송했다는 것. "《베오울프》는 나에게 최고로 값진 자원이었다."

다시 역사로 잠시 돌아오자. 겨우 앵글로색슨 통일왕국이 만들어졌지만, 데인족보다 더 막강한 세력이 나타났다. 노르망디 공국(지금 북부 프랑스)의 공작 윌리엄 1세가 잉글랜드를 넘보기 시작한 것이다. '정복왕'이라는 별명에서 알 수 있듯, 그는 바다 건너 브리튼 섬에 들어와 앵글로색슨 군대를 무찌르고 왕좌를 차지해버렸다. 프랑스 왕의 신하가 잉글랜드 왕이 된 셈이었다. 관계만 주종관계가 아니라 윌리엄 1세는 노르망디 공작으로서 프랑스 왕에게 세금도 냈다. 노르만 왕조의 시작이다.

이러다 보니 지배층 언어인 라틴어와 프랑스어가 피지배층 언어인 영어(앵글로색슨어)를 압도하게 되었다. 왕인 윌리엄 1세부터 영어를 전혀 몰랐다. 인쇄술이 널리 퍼지기 전까지는 다른 문화권과 마찬가지로, 잉글랜드에서도 사람들은 대부분 문맹이었고 글을 읽고 쓸 줄 아는 사람들은 극소수였기에 라틴어와 프랑스어 득세는 당연한 일이었다. 정확히 구분하자면 당시 잉글랜드의 노르만 사람들이 쓰던 말은 프랑스어와 약간 다른 노르만어Norman French지만, 이 책은 언어학 전문서가 아니므로 프랑스어로 통칭하도록 한다.

프랑스에서 태어나 영국으로 건너와 살면서 프랑스어로 많은 작품을 남긴 여류 시인 마리 드 프랑스Marie de France가 12세기 영국에서 가장 인기 있던 작가라는 사실만 봐도 알 수 있다. 그녀의 작품은 당연히 영문학이 아니라 프랑스 문학이다. 이런 현상은 13세기에도 이어졌다. 이때쯤 생긴 초기 대학에서도 라틴어는 가르쳐도 영어는 가르치지 않았다.

《베오울프》로 겨우 싹을 틔운 영문학은 이렇게 고사할 위기에 처했다. 태어나자마자 죽을 뻔했던 영어와 영문학은 어떻게 살아났을까?

영국, 유럽의 변방에서 대영제국으로

프랑스 노르망디 공작인 윌리엄 1세가 잉글랜드에 쳐들어와 왕위를 차지한 후 잉글랜드에서는 노르만 왕조가 시작되었다. 윌리엄 1세는 앵글로색슨 사람들의 토지를 빼앗은 후, 절반 정도는 새로 부상한 노르만 영주에게 나눠주고 4분의 1 정도는 교회와 성직자들 몫으로 떼주었다. 노르만 사람들을 모두 합쳐봤자 만 명 정도였는데, 이들이 150만 명에서 200만 명에 이르는 앵글로색슨 사람들을 농노로 만들어 지배하게 된 것이다. 거의 1,000년 전 일인데 어떻게 이런 구체적인 숫자들을 알 수 있냐고?

역사를 공부하는 우리에겐 너무 감사하게도 윌리엄 1세는 사상 최초로 대대적인 인구-토지 조사를 감행해 책으로 남겼다. 면적, 인구, 시설물, 심지어 가축 수까지 빠짐없이 조사해 기록한 《둠스데이 북Domesday Book》(1086)이다. 당시에는 세금을 걷는 자료로 쓰였고 지금은 중세 영국의 계급 구성과 생활상을 정확하게 파악할 수 있는 소중한 사료다. 라틴어로 기록되었으며 '웨스트민스터 북'으로 부르기도 하는 이 책을 보면 잉글랜드의 토지 중 왕과 왕족이 17퍼센트를 차지하고, 교회와 수도원이 26퍼센트, 봉건 영주들이 54퍼센트를 소유하고 있다. 자작농이 가진 토지는 전부 합쳐 3퍼센트 정도. 농노들은 자기 소유의 땅이 없었다.

왕과 귀족이 대부분 땅을 차지했던 옛날은 참 불공평한 사회였다며 혀를 찰 분들이 많을 텐데, 1,000년이나 흐른 지금도 크게 다르지 않다. 2024년 통계청 자료에 따르면 우리나라 자산 상위 10퍼센트의 주택 가액 평균이 하위 10퍼센트의 40.5배에 달한다. 상위 1퍼센트 부자가 전체 가구 재산의 35.9퍼센트를 차지한다는 보험업계 보고서도 있다. 부의 편중은 전 세계적 현상이다.

어쨌든 노르만 왕조에 들어서 지배계급과 피지배계급 사이의 분리가 확실하게 이뤄졌다는 사실, 봉건 영주들이 상당한 세력을 구축했다는 사실은 《둠스데이 북》에서 확인할 수 있다. 지배계급은 라틴어와 프랑스어를 쓰고, 대다수가 문맹인 피지배계급은 고대 영어(앵글로색슨어)를 그대로 쓰는 상황도 계속 이어졌다.

노르만 왕조가 시작되고 얼마 안 되어 중요한 사건이 중세 유럽 사회 전체를 뒤흔든다. 1095년 교황 우르바노 2세는 이슬람 세력도 견제하고 교황권도 강화하려는 목적으로 십자군 파병을 제창했다. 먼저 그는 성대하고 극적인 이벤트를 연출했다. 프랑스 클레르몽에서 공의회를 열고 중동 지역의 성지 탈환과 분열된 동방정교회와의 합일을 주장하며 이렇게 외쳤다. "하느님께서 그것을 원하신다DEUS LO VULT!"

클레르몽 성당을 뒤흔들었던 함성에 이끌려 10만 명에 달하는 각계각층 사람들이 길을 떠났다. 목적은 제각각이었다. 신앙심, 영토 확장, 금전적인 이익, 봉건 사회의 압제에서 벗어난 새로운 삶 등등 다양한 동기를 가진 다양한 계층이 멀고

먼 원정 전투에 동참했다. 잠시 후 이야기할 영화 〈킹덤 오브 헤븐〉의 주인공(배우 올랜도 블룸)도 자살한 아내의 영혼을 구하기 위해 십자군 원정에 참여한다. 당시엔 자살한 사람의 영혼은 지옥에 떨어진다는 종교적 믿음이 있었기 때문이다.

최초의 기사단은 조직적인 군대가 아니어서 민중기사단이라고도 불리는데, 말이 기사단이지 노예와 병자, 심지어 임산부까지 꾸역꾸역 몰려갔다는 기록이 있다. 몇 달 동안 유럽을 떠도는 사이 그들은 상당수가 죽거나 거지꼴로 전락했고, 결국에는 이슬람 군대에 처참하게 몰살당했다.

이런 식으로는 안 되겠다는 교훈을 얻은 유럽 각국의 봉건 영주들이 힘을 합쳤다. 여기서부터 1차 십자군 원정이다. 이번에는 이슬람을 상대로 승리해 예루살렘을 빼앗고 기독교 왕국(예루살렘왕국Kingdom of Jerusalem)을 만들었다. 몇몇 공작과 백작들은 자신들의 왕국을 세워 안티오키아 공국, 에데사 백국, 트리폴리 백국 등이 만들어졌다. 영광의 승리였다.

가만히 있을 이슬람이 아니었다. 그들은 전열을 정비해 반격했고 에데사 백국을 다시 점령하고 기독교인들을 도륙했다. 물론 앞선 십자군 원정에서 이슬람인, 유대인들도 처참하게 당했다. 당시 기록과 그림이 많이 있는데 그 묘사가 너무 참혹해 있는 그대로 옮기기 힘들 정도. 양 세력이 각자가 믿는 신의 이름으로 수십만 단위의 사람을 학살했다. 총도 대포도 없던 시대에….

에데사 백국의 참혹한 소식에 유럽 전역은 충격에 휩싸였다. 그렇게 2차 십자군 원정이 시작되었다. 이번에도 유럽 각국의 귀족과 군인들이 원정길을 떠났다. 하지만 1차와 달리 처참한 패배로 끝나버렸고, 이미 세운 지 50년이 넘은 기독교 왕국들은 풍전등화의 위험에 처했다.

이 시기 영국에서는 《캔터베리 이야기》의 씨앗이 되는 사건이 발생한다. 영국 국왕 헨리 2세에게는 친구이자 믿음직한 부하 토머스 베켓이 있었다. 노르만족 핏줄로 태어난 베켓은 집안이 몰락한 후 캔터베리 대주교의 서기로 일했는데 그의 능력을 높이 산 대주교의 추천으로 헨리 2세와 만나게 되었다. 왕에게도 능력을 인정받은 베켓은 왕 바로 다음 권력자인 잉글랜드 수상 자리에까지 올라 왕과 함께 영광과 고난과 사치와 향락을 모두 함께했다. 심지어 전쟁에도 참전해 나란히 싸웠고 친구가 되었다.

캔터베리 대주교가 사망하자 헨리 2세는 베켓을 후계자로 임명했다. 당시 유럽은 왕권과 교권이 첨예하게 경쟁하던 시기였고, 헨리 2세는 절친한 베켓을 대주교로 만들어 그를 통해 교회를 통제하겠다는 멋진 계획을 세운 것이다. 처음에 완강히 거부하던 베켓은 결국 대주교 자리를 받아들였다. 권력 서

열 2인자에서 종교 서열 1인자가 된 것이다.

거기까지는 좋았는데, 헨리 2세의 계획이 틀어지기 시작했다. 자기를 도와줄 것으로 믿었던 베켓이 돌변했다. 그는 수상으로서 누렸던 모든 세속적 영화를 뒤로 한 채 대주교 직분에 충실한 금욕주의자로 변신한 뒤 왕과 대립하기 시작했다. 캔디베리 대주교 도머스 베켓이 헨리 2세에게 보낸 편지를 보면 팽팽한 힘겨루기가 그대로 드러난다.

"폐하가 왕으로 봉헌되었을 때, 교회의 자유를 보장하기 위해 웨스트민스터 제단에 기록으로 남긴 공약을 기억하십시오. 캔터베리 교회를 우리 선조들의 시대로 복원하십시오. 우리가 빼앗긴 성, 영지, 농장 모든 것을 복원하십시오. 서기든 평신도든 누구든 빼앗긴 재산을 돌려받을 수 있도록 하십시오. 우리가 방해받지 않고 교인으로서 모든 의무를 재개하도록 허락하십시오. 폐하께서 이에 동의하신다면, 저는 사랑하는 군주로서 당신을 모든 복종으로 섬길 준비가 되어 있습니다. 그러나 제 요구를 거부한다면 엄중한 하느님의 복수를 실감하게 될 겁니다."

특히 종교인의 권리에 관한 문제로 둘의 갈등은 극에 달했다. 교회 권력을 견제하기 위한 수단으로 헨리 2세는 종교재판에서 유죄가 확정된 성직자를 일반 법정에 다시 세우는 법을 만들었는데, 토머스 베켓이 문제를 제기한 것이다.

"이런 배은망덕한 놈을 봤나!" 왕이 노했고 베켓은 프랑스로 추방당했다. 프랑스 왕의 중재 덕분에 그는 다시 잉글랜드로 돌아와 캔터베리 주교직에 복귀할 수 있었으나, 프랑스에 있는 동안에도 교황에게 상소하는 등 헨리 2세의 심기를 건드린 후였다. 이후 종교재판에서 베켓이 또 자기 뜻을 거역하자 헨리 2세는 격분했다. 분노 폭발의 계기가 아들 대관식을 대주교인 베켓이 거부했기 때문이라는 설명도 있다.

헨리 2세는 신하들에게 대놓고 말했다. "내가 이 궁정에서 너희들을 먹여주고 계급도 줬는데, 저 비천한 성직자 놈에게 멸시당하는 주군을 보면서도 도와주는 녀석 하나 없구나. 저 골치 아픈 사제를 없애줄 사람은 정녕 없느냐?"

그 말을 들은 기사 중 네 명이 뜻을 모았다. 그들은 무기를 들고 캔터베리 대성당으로 쳐들어갔다. "국왕과 잉글랜드를 배신한 토머스 베켓은 어디 있나?" 그들을 맞닥뜨린 베켓의 마지막 말이 유명하다. "나는 예수의 이름으로 교회를 지키기 위해 무슨 일이든 기꺼이 행하였다."

베켓은 대성당 기둥에 매달렸다. 수도사들이 저녁기도를 하는 동안 기사들은 베켓의 두개골을 쪼갰고 대주교의 뇌가

성당 바닥에 쏟아졌다고 한다. 1170년의 일이다.

토머스 베켓의 죽음을 알게 된 교황은 그를 성인으로 추대하고 그의 죽음을 순교로 받들었다. 이 사건은 유럽에 널리 알려져 기독교인들을 더 강하게 결속하는 계기가 되었다. 잉글랜드 내 여론도 교회 편으로 돌아섰다. 교회의 압박을 이기지 못한 헨리 2세는 기사들이 과잉충성을 했다며 발뺌했지만 결국 공식적으로 잘못을 인정했다.

베켓의 유해를 안치한 캔터베리 대성당에는 사람들이 몰려들었다. 아이러니하게도 순례길이 돈벌이가 되면서 베켓을 죽게 만든 헨리 2세가 제일 달콤한 꿀을 빨았다. 순례하고 불치병이 나았다는 식의 증언도 쏟아져, 인구 5만의 작은 도시 캔터베리는 수백 년 동안 유럽에서 가장 많은 순례자가 찾는 곳이 되었다. 훗날 《캔터베리 이야기》가 바로 이 순례길을 배경으로 삼고 있다.

앞에서 말한 것처럼, 《캔터베리 이야기》는 영어로 인쇄된 최초의 문학 작품이다. 요즘으로 치면 액자식 구성인데, 외교사절단으로 이탈리아에 다녀온 초서가 《데카메론》에 영향을 받았다고 보는 것이 정설이다. 캔터베리 순례를 떠난 각계각층의 순례자 30명이 우연히 타바드Tabard 여관에 모이는데 여관 주인이 이런 제안을 한다. "여행길이 적적할 테니 재미있는 이야기나 나누면서 다녀옵시다. 가는 길에 2번 오는 길에 2번, 한 사람당 총 4번의 이야기를 하여 가장 훌륭한 이야기를 한 사람한테 공짜 저녁 식사를 주기로 하죠. 어때요?"

순례자들은 이 제안에 응해 이야기 시합을 벌이게 되고, 이들이 풀어놓는 이야기보따리가 《캔터베리 이야기》의 본체다. 여기 모인 서른 명의 순례자는 중세의 사회상을 한 번에 파악할 수 있을 정도로 다양한 직업을 가졌는데, 600년 전인데도 기사나 소환사, 면죄부 판매자 정도만 사라졌을 뿐 대부분은 지금도 있는 직업이다.

기사Knight, 기사의 아들, 시종Yeoman, 수녀원장Prioress, 수녀Second Nun, 수녀원 지도신부Nun's Priest, 수사Monk, 탁발 수사Friar, 무역상Merchant, 대학생Clerk, 변호사Man of Law, 지주Franklin, 조합원들Guildsmen(잡화상, 염색공, 목수, 직조공 등등), 요리사Cook, 선장Shipman, 의사Physician, 바스에서 온 유부녀Wife of Bath, 주임신부Parson, 농부Plowman(주임신부의 동생), 방앗간 주인Miller, 조달인Manciple(수도원 구매 담당자), 집사Reeve(재산관리인), 소환사Summoner(소환리), 면죄부 판매자Pardoner, 여관 주인Host, 성당 참사회원Canon, 성당 참사회원의 시종Canon's Yeoman, 초서Chaucer(작가 본인).

따로 설명이 필요한 직업이 몇 가지 있다. 탁발 수사는 돌아다니면서 밥을 빌어먹는 수도승을 일컫는다. 지금은 거의 다

사라졌는데 내가 어릴 때만 해도 탁발승을 심심찮게 만날 수 있었다. 소환사는 판사의 소환장을 집행하는 사람인데, 《캔터베리 이야기》를 읽다 보면 법원 직원보다는 심부름업체 직원 같은 역할이었음을 짐작할 수 있다. 면죄부 판매자는 당시에만 있던 직업으로 죄를 사하여준다는 면죄부를 파는 사람이다.

등장인물의 년년에서 알 수 있듯이 초서는 왕실이나 귀족이 아닌 보통 사람들을 주인공으로 데려왔다. 그로 인해 당시 계급과 종교에 관한 신랄한 풍자를 할 수 있었고, 더 위대한 문학적 성취를 이루었다. 제프리 초서의 정확한 출생 기록은 남아 있지 않고 에드워드 3세가 백년전쟁을 막 시작한 후인 1343년으로 추정된다. 런던에서 주류업을 했던 집안은 부유했고, 노르만족 출신답게 프랑스어와 라틴어는 물론 영어도 할 수 있었다. 아버지는 아들에게 가업을 잇게 하는 대신 귀족 가문 급사로 보내 상류층 예절을 배우고 일을 돕도록 했다.

그렇게 지배계급과 인연을 쌓은 초서는 군인으로 백년전쟁에도 참전했다. 프랑스군에게 잡혔는데도 잉글랜드 왕실에서 힘을 써줘 빼낸 기록을 보면 초서의 입지가 꽤 탄탄했던 것으로 보인다. 20대에는 작가로서 활동도 시작해, 1387년에 아내가 사망한 후 모든 관직을 그만두고 필생의 작품 《캔터베리 이야기》에 매달렸다. 내 억측일 가능성이 높지만, 말년에 관직에서 모두 물러난 이유도 마지막 작품에서 눈치 보지 않고 마음껏 필력을 펼치려는 의도가 아니었을까?

초서의 문학 세계에 가장 큰 영향을 미친 경력은 요즘으로 치면 외교관 역할이었다. 왕실의 외교 특사로 유럽을 다니면서 각국의 문화와 문학적 자양분을 흡수해 작가로서 역량을 키운 것이다. 그의 작품 세계가 크게 프랑스 시기, 이탈리아 시기, 영국 시기로 나눠지는 것도 이런 영향이 큰 것으로 보인다.

초서는 1380년부터 20년 동안 《캔터베리 이야기》 집필에 매달렸으나 결국 완성하지 못하고 1400년에 사망했다. 원래대로라면 총 30명이 4개씩 120개의 이야기가 모여야 하는데, 22개의 완성된 이야기와 2개의 미완성 이야기까지 총 24개만 남아 있다. 이것만으로도 분량이 만만치 않은데 만약 120개의 이야기가 다 완성되었다면, 영문학은 물론이고 중세 역사 연구마저 달라졌을 것이다.

《캔터베리 이야기》의 내용을 살펴보자. 제일 먼저 기사가 이야기를 들려준다. 십자군 원정에서 돌아오면서 바로 순례길을 찾은 그는 옛날부터 전해져 내려오는 이야기라며 고대 그리스의 영웅 테세우스가 등장하는 결투와 로맨스를 들려준다.

이 이야기는 중세 시대 마상시합을 소재로 삼은 영화 〈기사 윌리엄〉(배우 히스 레저)에 녹아들어 있다. 영화 속 인물로 시인 초서도 등장한다. 심지어 남녀 주인공을 이어주는 아주 중요한 역할이다. 노름에 푹 빠져 있고 알몸으로 돌아다닐 정도로 엉뚱하다는 설정은 실제와 다르지만, 멋진 시로 귀족 부인의 환심을 살 정도로 문학적 재능이 뛰어나다는 설정은 그럴듯하다.

기사의 이야기만 해도 그러려니 싶은데, 바로 두 번째 이야기부터 파격이 시작된다. 기사의 이야기를 재미있게 들은 사람들이 수도승에게 다음 이야기를 청하는 찰나, 술에 취한 빵앗간 주인이 질펀한 야설을 늘어놓는 것이다. 존이라는 이름의 늙은 목수와 열여덟 살 아내 엘리슨의 이야기. "엘리슨은 젊고 아름다웠으며 족제비처럼 나긋나긋하고 날씬하고 눈썹은 검고 가느다란 활을 두 개 그려놓은 것 같고, 그 아래에는 음탕하기 그지없는 두 눈이 반짝이고 있었지요."

늙은 목수 존은 아름다운 아내가 바람을 피울까 봐 집에 가두다시피 하지만, 결국 그녀는 하숙생 니콜라스와 눈이 맞아 신나게 불륜을 저지른다. 교회에서 일하는 직원 앱솔론도 엘리슨에게 마음을 빼앗겨 노래도 부르고 기타도 치고 매력을 발산했지만 헛수고. 앱솔론은 포기하지 않고 제발 입맞춤이라도 해달라고 매달린다. 마침내 어느 캄캄한 밤에 엘리슨은 청을 들어주겠다면서 조건을 단다. "대신 사람들이 보면 안 되니까 지금 당장 하세요. 제가 창문을 열고 얼굴을 내밀게요."

그러나 그녀가 내민 것은 얼굴이 아닌 엉덩이. 앱솔론은 그것도 모르고 쪽 소리가 나게 입을 맞추었다가 펄쩍 뛰며 물러

선다. 여자의 입술에 수염이 없다는 것쯤은 그도 알고 있었으니까. 엘리슨은 깔깔 웃으며 창문을 닫아버린다.

모욕을 당하고 돌아간 앱솔론은 복수를 꿈꾼다. 그는 대장간에서 뜨겁게 달궈진 쇳조각을 빌려 들고 가서 다시 제안한다. 한 번 더 입맞춤을 허락해준다면 금반지를 주겠다고. 이번에는 하숙생 니콜라스가 앱솔론을 놀리고 싶어 창문을 열고 방귀를 뀌어버린다. 동시에 앱솔론은 뜨거운 쇳조각으로 니콜라스의 엉덩이를 지져버리고 니콜라스는 극심한 고통에 울부짖으며 집 안을 뛰어다닌다. 이 소란에 놀란 목수는 위에서 떨어져 팔다리가 부러져버린다. 분에 맞지 않는 결혼을 하면 이런 꼴을 당한다는 교훈으로 이야기는 끝.

이 정도면 방송심의 때문에 〈두시탈출 컬투쇼〉에서도 외면당할 이야기다. 이야기를 들은 순례객들은 모두 웃고 말았는데 집사는 기분이 나빴다. 나이 지긋한 집사의 예전 직업이 하필 목수였기 때문이다. 그가 다음 이야기를 이어간다. 하필이면 사기와 도둑질을 일삼다가 아내와 딸을 도둑맞는 방앗간 주인의 이야기인데, 역시 수위가 매우 높다. 끝에는 인과응보의 교훈을 붙여준다. "악을 행하는 자는 선을 기대하지 말라. 사기꾼은 스스로 속게 될 것이다."

나는 바스에서 온 유부녀 이야기를 제일 흥미롭게 읽었다. 우리로 치면 부산댁이나 전주댁 정도의 어감인데, 바스댁은 이상하니 바스 부인이라고 부르자. 그녀는 고상함과는 거리가 멀다. 그녀는 성의 자유를 부르짖고 남자와 여자가 평등해야 한다고 설파하는, 어쩌면 가장 오래된 페미니스트 캐릭터 중 하나일 것이다. 자기소개부터 끝내준다.

"사실 하느님께서도 나에게 다섯 번이나 결혼을 하도록 하셨으니, 하느님께 감사할 따름이지요. 난 그들의 지갑과 금고 깊숙이 간직하고 있던 최고의 것들을 모두 빼앗았어요. 여러 학교에 다니다 보면 자연스럽게 훌륭한 학자가 되고, 여러 일을 하다 보면 훌륭한 일꾼이 되는 것과 마찬가지로, 나도 다섯이나 되는 남편에게 훈련받았지요."

와우. 이분이 1300년대 사람이라고? '지갑과 금고' '최고의 것들'이 성적인 은유라는 점을 상기하면 초반부터 강력한 음담패설이다. 누가 중세를 억압의 시대라고 했나? 이 뒤로 바스 부인은 스무 살 어린 남편과의 섹스에 대해 묘사하는데…, 그건 차마 못 옮기겠다. 물론 바스 부인은 그저 남자만 밝힌 것이 아니라 인간 본성에 대한 통찰력도 있었다.

"우리 여자들은 이상해요. 쉽사리 가질 수 없는 것이 있으면 하루 종일 울고불고하면서 그것을 달라고 하지요. 무언가를 금지하면, 우리는 그것을 더욱 갖고 싶어 한답니다. 반면에 누가 우리를 쫓아오면 도망치고 말지요."

놀랍게도 아직 그녀는 자기소개 중이다. 듣고 있던 순례객들이 잡소리는 그만하고 본론으로 들어가라고 다그치자, 그제야 이야기를 시작한다.

옛날 영국의 아서 왕 시절에 한 젊은 기사가 숲에서 한 여인을 겁탈한 죄로 사형에 직면한다. 기사의 목숨을 아깝게 여긴 왕비는 그에게 일 년의 기간과 함께 미션을 준다. "이 세상에서 여자들이 가장 원하는 것이 무엇인지 알아 오거라."

기사는 방방곡곡을 헤매며 답을 구하는데, 사람들은 각기 다른 답을 제시한다. 재산, 명예, 방탕함, 화려한 의상, 침실의 쾌락, 자주 시집가는 것, 아첨 등등. 때가 되어도 해답을 얻지 못한 기사는 궁전으로 돌아가다가 추악하기 이를 데 없는 한 노파를 만난다. "제가 정답을 알려드리지요. 하지만 저도 조건이 있습니다. 제 덕분에 목숨을 건진다면 제가 원하는 소원 하나를 들어줘야 합니다."

사형을 당하게 생긴 기사에겐 선택권이 없었다. 그는 궁전으로 돌아가 노파가 준 답을 말한다. "이 세상에서 여자들이 가장 원하는 것은 남편이나 연인과의 관계에 있어서 자기결정권sovereintee입니다."

　답변을 들은 왕비는 정답이라며 기사의 목숨을 살려준다. 이제 기사가 노파의 소원을 들어줄 차례. 그런데 노파의 소원은 기사와의 결혼이었다. 기사는 명예를 걸고 한 약속이어서 어쩔 수 없이 노파를 신부로 맞이하지만 잠자리는 거부한다. 노파는 이래선 안 된다고 기사를 논리 정연하게 설득한다. 자포자기한 기사가 노파에게 굴복하고 모든 주도권을 내어주자, 짜잔! 노파가 아름다운 신부로 변신한다. 그리고 둘은 행복하게 잘 살았다.

　이 이야기의 주제는 이 세상에서 여자들이 가장 원하는 것이 무엇이냐는 질문에 노파가 전해준 답에 있다. 어떤 번역은 '남편과 연인과의 잠자리에서 주도권을 갖는 것'이라고도 하고 또 어떤 번역은 '남편과 연인 위에 군림하는 것'이라고도 한다.

　원문을 찾아보면 중세 영어 단어 'sovereintee'를 어떻게 해석하느냐에 따라 달렸다. 요즘 영어로는 'sovereignty'가 맞지만, 이를 지금과 같은 의미로 '주권'이나 '통치권'으로 해석해서는 안 된다. 오히려 당시에는 자유나 독립의 의미가 더 강했다고 하니 '(성적) 자유' 혹은 '자기결정권' 정도가 적당할 것 같다. 그렇다면 이는 현대적 개념의 페미니즘과 다름없다.

　이야기를 마친 바스 부인은 할리우드 섹스코미디 영화에나 나올 법한 기도를 부르짖는다.

"예수 그리스도여! 우리 여자들에게 말 잘 듣고 젊음이 넘치며 잠자리에서는 우리를 만족시켜줄 수 있는 남편을 보내주소서! 그리고 우리가 남편보다 더 오래 살아 다시 시집을 갈 수 있게 해주소서! 또한 청하건대, 아내의 지배를 받지 않으려는 남자들은 일찍 죽게 해주시고, 늙고 성질 나쁘고 구두쇠 같은 늙은이들에게도 죽을병을 내려주소서!"

와우. 책 읽다가 박수칠 뻔. 바스 부인의 이야기를 듣고 이어받는 사람은 탁발승이다.

"부인, 하느님께서 당신께 축복을 베풀어 주시길 바랍니다. 부인은 학교에서 다루기 힘든 주제를 다루었습니다. 부인의 말은 여러 점에서 일리가 있습니다. 그렇지만 저는 우리가 말을 타고 순례하는 동안은 그냥 가볍고 경박한 주제의 이야기가 더 어울린다고 생각합니다. 책이나 설교, 혹은 어려운 강론 따위는 설교자나 신학자들에게 맡겨두는 편이 나을 것 같군요."

이 작자도 자기가 교황에게서 죄를 사해주는 특권을 받았다고 떠들고 다니는 가짜 종교인이다. 돈 안 되는 문둥이나 거지들은 멀리하고, 여관 주인이나 작부들과 어울려 다닌다. 이미 인물 설정부터 당시 종교의 위선을 까발리는 것이다.

"저는 여기에 계신 여러분들을 즐겁게 해주기 위해 소환사(법원 심부름꾼)에 관한 멋진 이야기를 하나 들려 드리겠습니다. 소환사라는 말만 들어도, 여러분들은 제가 결코 좋게 말하지 않을 것임을 짐작하시겠지요. 제 이야기를 듣고 그저 기분 나쁘지만 않았으면 좋겠습니다. 소환사란 간통을 저지른 사람들을 심판한답시고 사방을 다니며 사람들을 불러 모으지만, 결국 가는 곳마다 마을 사람들에게 몽둥이찜질을 당하는 놈들이니까요."

탁발승이 어떤 교활하고 부패한 소환사에 관해 신나게 까고 나면, 소환사가 이야기를 이어받는다. 다음 차례는 대학생. 이런 식으로 꼬리에 꼬리를 무는 이야기가 이어진다.

초서의 《캔터베리 이야기》가 보카치오의 《데카메론》에 영향을 받았고 구성도 내용도 비슷하지만, 훨씬 진일보한 문학 작품임은 틀림없다. 《데카메론》의 등장인물들이 다들 당시 엘리트인 반면, 《캔터베리 이야기》의 등장인물들은 중세 사회의 축소판이다. 궁정 로맨스도 있고 속된 상스러운 음담패설도 있고 경건한 설교도 있다. 서슴없이 욕망을 드러내고 여성에

316

게 자유를 허하라고 외치는 여장부도 있고, 종교의 위선을 드러내는 가짜 수도승도 있다.

문학적 가치 외에도 당대 문인들이 우습게 여겼던 영어를 과감히 사용하여 언어적 규범을 제시함으로써 근대 영어의 기반을 다졌다는 성과도 있다. 또한 고대 영시에 비해 훨씬 유연한 운율을 도입해 영시의 차원을 높였다. 덕분에 《베오울프》 이후 고사할 위기에 처한 영문학 작품은 400년 만에 초서의 《캔터베리 이야기》로 살아났다. 그래서 17세기 비평가 존 드라이든은 '영시의 아버지이며 신의 풍요로움'이라고 초서를 받들었다.

만약 헨리 2세가 베켓을 대주교로 임명하지 않았다면 둘의 우정은 계속되었을까? 네 명의 기사가 과잉 충성을 하지 않았다면 어떻게 되었을까? 역사에는 만약이 없으나 한 가지는 확실하다. 초서의 《캔터베리 이야기》는 탄생하지 못했을 것이다.

다시 십자군전쟁으로 돌아가자. 영국에서는 기사들이 대주교를 살해하는 사건이 벌어졌지만, 중동 땅에서는 기사들이 기독교의 영광을 지키기 위해 목숨을 바치고 있었다. 십자군은 파죽지세로 몰려드는 이슬람 군대를 어떻게든 막아보려 했으나, 이슬람의 영웅으로 떠오른 술탄 살라딘(살라흐 앗 딘)은 너무나도 막강했다. 결국 살라딘이 이끄는 군대는 1187년에 예루살렘 성을 함락시켰다. 예루살렘왕국이 1099년에 세워졌으니, 100년 왕국을 이루지 못한 셈이다.

바로 이 시기의 십자군전쟁을 다룬 영화가 있다. 공부는 부담되니 재미있는 영화 한 편으로 십자군전쟁을 알아보고 싶을 때, 앞서 잠깐 소개한 리들리 스콧 감독의 〈킹덤 오브 헤븐〉을 강력히 추천한다. 실제 인물들을 재해석한 캐릭터를 보는 재미도 좋고 주제도 묵직하고 액션도 최고다. 영화 〈킹덤 오브 헤븐〉은 2차 십자군 원정이 참담한 패배로 끝난 후, 3차 십자군 원정을 떠나는 리처드 1세가 마지막 장면에 등장하면서 끝난다.

3차 십자군 원정의 주인공은 누가 뭐래도 리처드 1세다. 사자왕 혹은 사자심왕The Lion Heart이라고 불리는 그는, 일단 역대 영국 국왕 중 무력으로는 비교 대상이 없다고 평가받는다. 체격부터 1등. 2미터 가까운 신장에 거대한 몸집이었다고 하니 중세에는 거인으로 보였을 것이다. 평판이 약간씩 엇갈리지만, 용맹한 무사이자 천재적인 전술가이며 무자비한 학살자라는 견해에는 이견이 없다.

3차 십자군 원정에서 리처드 1세의 활약은 엄청났다. 기록을 보면 이순신 장군과 아킬레우스를 합쳐놓은 것 같다. 그로 인해 그전까지 판판이 깨졌던 이슬람 살라딘과의 전투에서 십자군은 계속 승리를 거둔다. 상대편 이슬람 진영에서는 당연히 두려움의 대상이었다. 악마, 괴물 등등의 표현이 많은데, 이슬람 역사가 이븐 알아티르Ibn al-Athir는 '무슬림에 대한 전대미문의 재앙'이라고 평했다. 예루살렘을 되찾지는 못했지만, 리처드 1세 덕분에 '아크레'라는 곳에 새로운 수도를 마련해 기독교 왕국의 역사를 이어갈 수 있었다.

사실 그는 그냥 프랑스 사람이었다. 영어도 할 줄 몰랐고, 성인이 된 후 영국 땅에서 보낸 시간을 모두 합쳐봐야 몇 달밖에 안 된다. 십자군 원정에 필요한 돈을 마련하기 위해 가격만 맞으면 런던도 팔 수 있다고 했으며, 유해를 나눠서 자기 영토 곳곳에 묻어달라는 생전의 유언에도 영국 땅은 포함되지 않았다. 평생 전쟁터를 떠돌다 전사한 곳도 프랑스였다. 그가 치른 수많은 전쟁 중 영국을 위한 전쟁은 하나도 없었다. 그런데도 영국인들에게 인기는 좋은 편이다. 특히 그 시기를 배경으로 한 유명한 역사 소설 《아이반호》나 민담 '로빈 후드'에서 아주 좋은 역할로 나온다. 역사에 대한 내 이해가 얕아서 그런지 이해 안 가는 대목이다.

리처드 1세 이후로도 십자군 원정은 몇 번 더 이어졌으나 명분은 사라지고 자기 이득만 취하려는 사람들로 흐지부지되었다. 십자군전쟁은 그렇게 200년 동안 수많은 목숨을 십자가 아래 쌓아 올리고 끝났다.

영문학에 있어서는 더 중요한 사건이 일어난다. 1066년 노르만 왕조가 시작된 이래 이어졌던 프랑스와의 주종관계가 흔들리기 시작한 것이다. 영토분쟁과 왕위 계승 문제로 신경전을 벌이던 영국과 프랑스가 결국 1337년에 본격적인 전쟁에 돌입했다. 그 전쟁은 오랜 세월 산발적으로 이어졌는데, 기간만 100년이 넘는다는 의미에서 '백년전쟁'이라고 부른다.

노르만 왕조에서 영어는 피지배층의 언어로 존재감을 잃어가던 처지였다. 고대에서 중세로 넘어오면서 영어 어휘의 80퍼센트 이상이 사라지고 그 자리를 라틴어와 프랑스어가 차지했다는 연구도 있다. 그러던 중 백년전쟁을 일으킨 에드워드 3세가 널리 영어를 권장하면서 상황이 바뀌었다. 그는 귀족들에게도 영어를 쓰라고 요구하고, 의회에서도 영어를 쓰라는 칙령을 반포했다. 전쟁이 계속되고 프랑스에 대한 반감이 커지자 자연스럽게 지배층에서도 영어를 익히는 경우가 늘어났다.

영문학의 아버지라고 불리는 제프리 초서가 그런 시대적 상황에서 태어난 인물이다. 제프리 초서는 1343년(추정)에 태어나 1400년에 사망했고 백년전쟁은 1337년에 시작해 초서가 죽은 후에도 계속되었다.

지리멸렬하게 이어지던 전쟁은 점점 잉글랜드 쪽으로 전세가 기울었다. 프랑스의 마지막 보루라고 할 수 있는 오를레앙 성까지 함락 직전에 몰렸을 때 한 소녀가 등장했다. 글을 읽고 쓸 줄도 몰랐던 열일곱 살 여자아이가 자기도 싸우게 해달라며 프랑스군을 찾아온 것이다. "신의 계시를 들었어요. 신께서 저보고 프랑스를 구하라 하셨습니다."

처음에는 무시당했지만 결국 그녀는 갑옷을 입고 전쟁에 뛰어들어 기적처럼 오를레앙 성을 구해냈다. '잔 다르크'라는 이름이 구국의 영웅으로 아로새겨지는 순간이었다. 그녀는 지휘관이 되어 싸우는 족족 승리를 거두었다. 덕분에 대관식을 치르지 못해 왕세자 자격에 머물러 있던 샤를 7세도 대관식을 올리고 정식 왕으로 즉위했다.

다시 봐도 믿기 힘든 야사 같은 이야기지만 양국의 기록으로 교차검증되는 정사다. 물론 물리적인 힘이나 무공 등은 과장된 부분이 있겠지만, 거의 함락당했던 프랑스가 백년전쟁을 승리로 끝낼 수 있었던 일등 공신, 야구로 치면 역전 만루 홈런을 때려낸 선수가 잔 다르크라는 평가는 중론이다.

잉글랜드 입장으로는 다 이겨놓은 전쟁에서 역전당하고 프랑스 내의 영토도 잃은 셈이었다. 어떻게 보면 국토의 상실이지만 또 어떻게 보면 프랑스와 완전히 결별해 독자적인 국가로 거듭나는 계기가 되는 셈이기도 했다. 그런 변화는 당연히 언어에도 영향을 미쳤다.

반프랑스 정서 덕분에 사람들은 영어를 더 많이 사용하게 되었다. 영화 〈더 킹 - 헨리 5세〉를 보면 헨리 5세(배우 티모시

샬라메)가 결혼을 앞둔 프랑스 공주에게 이제 영국의 왕비이니 영어를 써야 한다고 말하는 장면이 나온다. 고증이 얼마나 정확한지 모르겠으나, 100년 전쟁을 거치면서 왕실에서도 영어를 쓰는 분위기로 바뀐 것만은 분명하다.

여기서부터 우리가 중세로 분류하는 시대는 대략 끝나고, 절대왕정 시기로 접어든다. 진정한 독립국가가 된 영국은 '장미전쟁'으로 불리는 내전(랭커스터 가문 VS 요크 가문)을 겪게 되는데, 이때 서로 싸우느라 봉건 영주들의 힘이 약해지고 강력한 왕권이 확립된 것이다. 튜더 왕조의 시작이다. 무적의 스페인 함대를 격파하고 해외 식민지를 만들면서 우리가 아는 대영제국의 기틀을 마련한 시기이기도 하다.

그전까지 다른 유럽 국가에 비해 빈약했던 영국의 문화도 발전했고, 영어도 모국어로 완전히 자리 잡았다. 튜더 왕조의 마지막 왕인 엘리자베스 1세 치하에서는 셰익스피어가 활동하면서 정점을 찍었다. 이때를 가리켜 르네상스 혹은 엘리자베스 시대라고 부르기도 하는데 영문학에서는 셰익스피어 시대라고 해도 이상하지 않다.

1564년 잉글랜드 워릭셔 작은 마을에서 윌리엄 셰익스피어가 태어났다. 부유한 상인 가문의 맏아들이자 8남매 중 셋째. 그는 어린 시절부터 글쓰기를 좋아했고 여기저기 돌아다니면서 글쓰기를 즐기다 가세가 기울어 학교를 그만두었다. 얼마 안 있어 대지주의 딸인 앤 해서웨이(할리우드 배우와 이름이 같다)와 결혼하고 런던으로 이주했다. 이후 극단에 들어갔고 1599년에는 공동 출자로 극장을 열었다는 기록도 남아 있다. 이 극장은 지금도 연극을 공연하며 우리나라 사람들도 많이 찾는 관광명소다. 런던에서 활동하면서 수많은 걸작을 남긴 그는 죽음을 앞두고 고향으로 돌아와 1616년에 세상을 떠났다.

셰익스피어의 삶은 당시 보통 사람들의 삶에 비해 매우 순탄하고 무난했다. 위대한 예술가들의 파란만장한 삶과도 다르다. 넉넉한 집에서 가난이나 질병도 겪지 않고 자랐고, 결혼도 일찍 하고 아이도 여럿 낳고 이혼이나 상처喪妻도 없었다. 다른 여성과의 로맨스나 불륜의 기록도 없다. 당시로서는 짧지 않은 수명을 누리고 고향으로 돌아와 사망했으니 죽음마저 평온해 보인다. 그가 남긴 위대한 저작에 비해 실제 삶의 기록이 많지 않은데다 극적인 요소도 적다 보니 후대의 창작자들이 셰익스피어의 삶 자체를 소재로 삼아 상상력을 불어넣는 경우도 많다.

영화 〈셰익스피어 인 러브〉가 대표적이다. 흥밋거리로 만들어진 정도가 아니라 아카데미상 13개 부문에 후보로 올라 작품상과 여우주연상을 포함한 7개 부문을 싹쓸이한 명작이다.

캐스팅도 짱짱하고 무척 재미있으니 셰익스피어 입문용으로 추천하는데, 다만 내용 대부분이 허구임은 알아둘 것. 셰익스피어가 직접 겪은 사랑의 경험을 바탕으로 〈로미오와 줄리엣〉을 썼다는 기본 설정부터가 근거 없는 상상이다. 이 영화는 연극으로도 만들어져 인기를 끌었고, 요즘도 계속 무대에 올라가는 스테디셀러로 자리 잡았다. 하늘에서 셰익스피어가 보고 뿌듯해할까?

가설과 음모론도 많다. 몇 가지만 소개하면, 자식 중 햄넷Hamnet이라는 아들이 일찍 세상을 떠난 사건이 4년 후 희곡 〈햄릿Hamlet〉으로 이어졌다는 설이 있다. 반면 덴마크 왕조의 실존 인물 이야기라는 설도 있다. 왕의 동생이 형을 질투해 죽이고 왕비인 형수를 탐하고 왕위까지 쟁탈하는데, 왕자 암레스가 암살을 모면하려 미친 척하다가 복수에 성공한다는, 덴마크 왕자 암레스 이야기가 햄릿과 굉장히 비슷하다. 둘 다 맞는 가설일지도. 그 외 셰익스피어가 실존 인물이 아니라거나 다른 작가의 필명이었다는 황당한 음모론도 있는데 당연히 정설로 인정받지는 못한다.

셰익스피어는 1564년에 태어나 1616년에 사망했으니, 초서와 200년 이상 시대가 벌어진다. 이 사이엔 어떤 작가들이 있을까? 일반인은 물론 영문학과 졸업생 중에서도 이름 하나를 대기 힘들다. 토머스 옥크리브Thomas Occleve나 존 리드게이트

John lydgate 같은 작가들이 있다고 하는데, 잘 모르겠다. 이상하리만치 길고 메마른 가뭄의 기간은 셰익스피어를 탄생시키느라 뮤즈들이 모으고 응축한 세월이었을지도 모르겠다.

지금까지는 영어의 변천사를 보여주기 위해 이민족의 침략과 전쟁 위주로 역사를 설명했다. 이제 종교와 왕권이라는 두 축을 중심으로 역사를 봐야 영문학의 흐름을 이해하는데 더 도움이 될 것이다.

영국은 헨리 8세까지만 해도 유럽에 불고 있던 종교개혁의 바람을 막아서며 교황으로부터 '신앙의 수호자Defender of the Faith'(현재까지도 영국 국왕의 공식 타이틀)라는 칭호를 받을 만큼 독실한 가톨릭 국가였다. 하지만 딸은 제대로 왕위를 이어받을 수 없다고 걱정했던 헨리 8세가 딸만 계속 낳는 왕비와 이혼하고 새장가를 들려는 상황에서 문제가 생겼다. 로마 교황청에서 그의 이혼을 반대한 것이다. 그러자 헨리 8세는 앞으로 영국은 로마 교황청과 상관없이 왕을 교회의 수장으로 삼는다는 '수장령'을 발표해 영국 국교회(성공회)를 만들고 두 번째 왕비를 맞이했으니, 유명한 '앤 불린'이다.

이 난리를 치고 새장가를 들었으니 잘 살았으면 좋으련만, 앤 왕비 역시 딸 하나만 낳고 아들을 낳지 못했다. 그러자 헨리 8세는 또 다른 여자 제인(앤의 시녀)에게 마음을 빼앗겼다.

이번에는 제인과 결혼하려고 앤에게 누명을 씌워 런던탑에 가둔 다음 참수해버렸다. 왕비가 된 지 대략 1,000일 만이었다 (그래서 '천일의 앤'이라는 별명을 얻었다). 앤 불린을 죽여가면서까지 맞이한 세 번째 왕비 제인은 드디어 아들을 낳았으나 출산 후유증으로 사망하고, 아들 역시 열다섯 살에 죽었다.

참고로 헨리 8세는 이후에도 세 번이나 더 결혼했는데 끝내 아들을 얻지 못했다. 나이 쉰이 다 되어 얻은 열일곱 살 왕비하고는 2년만 같이 살다가 또 앤처럼 목을 쳐서 죽였으니, 총 여섯 명의 왕비 중 세 명이 죽은 셈. 휴우, 어질어질하다.

헨리 8세는 아들 없이 죽었고, 결국 앤 불린이 낳은 딸이 왕위를 이어받았다. 그녀는 아빠의 우려를 비웃듯 위대한 엘리자베스 여왕이 되었다. 헐, 이럴 줄 알았으면 왜 아들 낳겠다고 그 난리를…. 헨리 8세를 놀리기라도 하듯 하필 스코틀랜드 왕국도 여왕이 다스리게 되었다. 엘리자베스 여왕의 친척 동생인 메리 여왕인데, 브리튼 섬을 나눠 지배했던 두 자매의 경쟁 구도가 정말 재미있다. 공부가 부담스러운 분들은 영화 〈메리, 퀸 오브 스코틀랜드〉를 봐도 좋다. 미모 대결부터 정략 결혼과 지략싸움 등등 볼거리가 넘친다.

아버지 헨리 8세의 뒤를 이어 성공회의 수장이 된 엘리자베스 여왕은 반역죄를 씌워 가톨릭 사제 수백 명을 처형할 정도로 가톨릭을 탄압했다. 17세기 대표 작가로 꼽히는 존 던이 태어난 시기가 이즈음이다.

1620년은 또 다른 역사가 시작된 해다. 드디어 영국인들이 미 대륙에 발을 디뎠다. 엄밀히 말하면 조금 앞서 미국에 식민지를 건설하려고 갔던 영국인들이 있었지만 이들이 모조리 실종되어버렸기에, 1620년 메이플라워호를 타고 미국에 도착해 영국 왕에 충성을 맹세한 청교도들을 첫 이주민으로 보는 것이 정설이다. 영어와 영문학 역시 브리튼 섬을 넘어 미국으로 전파되었다.

과학과 논리의 비약적인 발전도 영문학에 큰 영향을 끼쳤다. 이탈리아의 과학 천재 갈릴레오 갈릴레이의 뒤를 이어 영국의 뉴턴이 등장했다. 과학자들은 17세기를 '뉴턴의 시대'로 정의할 것이다. 런던에서 태어난 프랜시스 베이컨은 프랑스의 르네 데카르트와 함께 철학의 양대 산맥을 이루었다. 논리가 학문으로 체계화되고, 경험론과 합리성 등등의 개념도 구체화되었다. 이런 분위기 속에서 감정보다 이성과 논리, 형식미를 중시하는 새로운 경향이 등장하고, 훗날 '신고전주의'라고 불리는 작가들이 출현했다.

입헌군주제의 토대가 마련된 것도 이 시기다. 찰스 1세의 목을 자르고 영국 역사상 유일한 공화정부를 세웠던 혁명가 올리버 크롬웰과 그 일당은 찰스 2세에 의해 참수되고 왕정복고가 이루어졌다. 그런데 뒤를 이은 제임스 2세가 가톨릭 신자로서 왕위에 오르자, 청교도와 국교회 신자들이 강하게 반발했다. 상황은 격화되어 1688년에 왕의 딸과 사위(네덜란드의 귀족)가 제임스 2세를 축출하고 왕위를 빼앗는 사태가 벌어졌다. 피비린내 나는 공화정 혁명과 왕정복고와 정반대로, 피 한 방울 흘리지 않고 정권이 교체되어 '명예혁명'이라고도 불리는 사건이다. 이후 윌리엄 3세가 메리 2세와 공동으로 왕위에 즉위하고 권리장전Bill of Rights을 받아들이면서 왕권이 제한되고 의회 권한이 강화되었다.

메리 2세와 윌리엄 3세 부부는 후세를 남기지 못하고 사망했다. 메리 2세의 동생 앤 여왕이 왕위를 이어받았고, 그녀는 어떻게든 후사를 남기려고 무려 18번이나 임신했지만 대부분 유산되었고 어렵사리 태어난 아이도 어릴 때 죽었다. 결국 앤 여왕이 자식 없이 사망하자 아주 먼 친척인 하노버 공국(훗날 독일에 흡수되는)의 공작(조지 1세)까지 계승권이 돌아가 하노버 왕조가 시작되었다.

얼떨결에 영국 왕이 되긴 했으나 조지 1세는 영어도 서툴고 영국 통치에도 별 관심이 없어 거의 모든 일을 의회에 맡겼다. 의도한 바는 아니었으나 덕분에 의회는 더욱 큰 힘을 얻었다. 조지 1세부터 조지 4세까지 대략 120년은 조지 시대Georgian era(1714~1830)라고도 불리며, 영문학의 신고전주의에서 낭만주의 시대까지 포함한다.

이민족의 침략과 전쟁의 역사에 이어 종교와 왕권이라는 두 축을 중심으로 고대부터 중세를 거쳐 근대까지 영국 역사를 훑어봤는데, 이후에 현대로 이어지는 역사의 축은 경제구조의 변화다.

인류의 문명이 불의 사용에서 시작되었다고 한다면 현대 사회는 산업혁명, 더 구체적으로는 증기기관에서 시작되었다. 우리는 학교에서 제임스 와트가 증기기관을 발명했다고 배우지만 엄밀히 말하면 그는 개량한 인물이다. 증기기관의 원리가 처음 등장하는 시점은 고대 그리스로 거슬러 올라가고, 효율이 떨어지는 초기 증기기관도 제임스 와트보다 먼저 만든 사람들이 있었다. 어쨌든 증기기관이 영국에서 상용화되어 산업 전반으로 퍼져나갔다는 사실이 중요하다. 영국은 세계 최초로 농업사회에서 산업사회로 전환되었고, 무제한 노동-대량 생산의 풍요를 누리는 동시에 부작용을 떠안아야 했던 나라였다.

산업혁명이 진행된 후에는 자본가 계급의 힘이 세지고 금융업이 발달하면서 자본주의 시대가 뒤따랐다. 물적 토대의 변화가 예술을 포함한 사회경제적 변화를 이끈다는 유물론을 들먹이지 않더라도, 이런 변화가 영문학에 큰 영향을 미쳤음을 쉽게 짐작할 수 있다. 그 결과가 낭만주의다.

산업혁명의 부작용인 인간 소외, 환경 파괴, 노동 착취 등

의 문제를 심각하게 보고 자연과 순수함을 강조한 낭만주의
는 그전까지의 신고전주의에 대한 반동이기도 했다. 낭만주의
는 '감정의 자발적인 넘쳐흐름'이라는 선언적 정의에서 볼 수
있듯이, 신고전주의가 추구했던 이성, 과학, 논리 대신, 감정과
상상력, 직관이 중요하다고 역설했다. 거기에 1789년 프랑스혁
명의 영향까지 받아 전통적인 권위와 체제에 대한 도전을 대
담한 시풍에 담았다.

드디어, 이 책의 출발선으로 다시 돌아왔다. 역사 이야기도
여기서 끝.

이 책에 소개된 주요 시